4차 산업혁명시대 청년들의 생존전략

미래인재
기업가정신에 답이 있다

미래인재
기업가정신에 답이 있다

펴낸날 2018년 1월 10일 1판 1쇄
        2019년 12월 20일 1판 2쇄

지은이 김미란, 정보근, 김승

펴낸이 김영선
교정·교열 이교숙
경영지원 최은정
디자인 플러스
마케팅 신용천

펴낸곳 (주)다빈치하우스-미디어숲
주소 경기도 고양시 일산서구 고양대로632번길 60, 207호
전화 (02)323-7234
팩스 (02)323-0253
홈페이지 wwwmfbook.co.kr
이메일 dhhard@naver.com (원고투고)
출판등록번호 제 2-2767호

값 16,800원
ISBN 979-11-5874-029-0 (03300)

이 도서의 국립중앙도서관 출판예정도서목록(CIP)은 서지정보유통지원시스템 홈페이지
(http://seoji.nl.go.kr)와 국가자료공동목록시스템(http://www.nl.go.kr/kolisnet)에서 이용
하실 수 있습니다.(CIP제어번호: CIP2017029767)

4차 산업혁명시대 청년들의 생존전략

미래인재
기업가정신에
답이 있다

글 김미란·정보근·김승 | 감수 이스라엘 요즈마 글로벌 캠퍼스

미디어숲

글로벌 네트워크와
기업가정신 교육

'글로벌 네트워크와 기업가정신 교육'
이 두 가지는 1990년 중동전쟁과 걸프전 그리고 이주민들로 더욱
피폐해진 이스라엘 거리에서 일자리를 달라며 아우성치는 청년들
을 위해 내가 제시한 해답이었다.

결국 의회와 총리를 설득하여 이스라엘 전역에 26개 기술인큐베
이터를 설치하였고, 인큐베이터에서는 아이디어와 기술을 가진 대
학생을 비롯해 교수, 엔지니어, 지역 주민 등을 대상으로 글로벌 기
업가정신 교육을 우선적으로 실시하고 그들이 가진 아이디어를 기

술과 접목시켜 사업화하는 데 총력을 기울였다. 이제 이스라엘은 자연스럽고 당연하게 대학에서 배운 노하우를 사업화하며 국제적 기업 생태계에 빠르게 참여한다. 국민들은 대기업에서 몇 년 경험한 뒤 작은 회사를 만들거나 들어간다. 의사나 회계사 같은 전문직에서 스핀오프Spin-off하여 창업하는 사례도 쉽게 볼 수 있다. 그 저변에는 국가가 참여하는 펀드와 세계적인 기업들의 R&D 센터들이 있기 때문이다. 우리는 그것을 벤처와 스타트업을 위한 '기업가정신 생태계'라고 부른다.

가정에서 하는 인성교육이 아이의 인생을 좌우하듯이 창업국가가 되기 위해서는 기업가정신 교육이 그 무엇보다 우선시되어야 한다. 될성부른 떡잎을 키우려면 떡잎이 잘 자랄 수 있는 환경을 만들고 가지가 뻗어나갈 힘을 길러줘야 한다는 말이기도 하다.

전쟁 직후 모든 것이 폐허가 된 한국이 다시 일어설 수 있을지에 대해 세계는 부정적이었다. 그러나 지금의 한국을 보라. 한국인들은 열정적이며 유능하고 프로페셔널하다. 심지어 성실하기까지 하다. 여기서 문제는 인내심이다. 기업가정신 교육은 하루아침에 그 결과를 체감하기가 어렵기 때문이다.

세계 경제는 격변하고 있고 이에 따라 삶의 패러다임도 변하고 있다. 이스라엘이 인구 800만의 작은 나라이자 천연자원도 없는 나라라는 것은 모두가 아는 사실이다. 그런 우리가 가진 것은 '사람'이었고 그들의 '두뇌'였다. 한국의 유능한 인재들에게 당부하고 싶다.

시작부터 글로벌하라. 그리고 꼭 해내고야 말겠다는 의지로, 문이 있으면 무조건 두드려라. 그 첫걸음에 이 책이 따뜻한 안내서가 될 것이라 확신한다.

이갈 에를리히(Yigal Erlich), 이스라엘을 창업대국으로 이끈 요즈마그룹 회장

유대인의 성공 비결은 기업가정신이다!

21세기 교육 패러다임이 변화하고 있다. 주입식 교육의 실패를 경험했으니 자발적 학습으로 이끄는 교육법을 모색해야 하는 시점이다. 지능지수 IQ$^{Intelligence\ Quotient}$만으로 평가받는 시대가 지나고, 최근 개인의 지적, 감성적 능력을 포함한 CQ$^{창조지능:\ Creative\ Quotient}$를 표현하는 창조적 사고의 중요성이 새롭게 부각되고 있다. 지식혁명사회, 즉 나노사회를 살아가는 우리들은 창의적인 사고를 통해 문제해결능력을 키우고, 인성교육을 통해 스스로 창의융합형 인재로 거듭나야 한다. 21세기 창의융합형 인재에게 가장 필요한 요소는 무엇인가?

자신의 삶을 주도적으로 이끌고 스스로 혁신할 수 있는 능력을 갖추는 기업가정신과 더불어 변화의 큰 주기를 통찰할 수 있는 능력이다.

노벨상 수상자의 30퍼센트가 유대인이고, 아이비리그 입학자 중 30퍼센트가 유대인이다. 유대인의 인구 비율은 세계 0.2퍼센트에 불과하다. 유대인들은 조상으로부터 배운 지식을 기반으로 스스로 깨닫고 아이디어를 만들고 어떻게 구상해야 하는지를 알고 있다. 이는 "어려서부터 끊임없이 질문하고 도전하며 때로는 뻔뻔하면서도 자신의 주장을 당당히 밝히는 이스라엘인 특유의 도전정신"을 일컫는 후츠파 정신이 있었기에 가능한 일이다.

후츠파 정신과 일맥상통하는 기업가정신은 글로벌 저성장시대에 새로운 기회를 찾아 도전할 수 있는 용기와 지혜를 줄 것이다.

헤츠키 아리엘리(Hezki Arieli), 영재교육의 대가이자 요즈마 글로벌 캠퍼스 총장

좋은 대학에 가고, 좋은 회사나 공공기관에 들어가면

그런대로 안심이라는 시대는 끝났습니다.

그런데도 여전히 많은 교사나 학부모들은

"열심히 공부해서 좋은 대학에 가고, 좋은 회사에 들어가라."고

말합니다. 열심히 공부해서 좋은 대학에 가고,

좋은 회사에 들어간들 안심할 수 없는데도

그들은 왜 그렇게 말할까요?

어떻게 사는 것이 좋은 삶인지 그들도 모르기 때문입니다.

그것 외에 다른 삶의 방식이 있다는 것을 모르기 때문입니다.

-무라카미 류, 《13세의 헬로 워크》

기업가정신의
시대가 온다

〈어느 대학생의 독백〉

사물인터넷, 인공지능으로 놀란 가슴에

어느 날 불쑥 4차 산업혁명이 도래한다고 호들갑을 떨며

두려움을 한껏 안겨주네요.

낙타가 바늘구멍 지나기보다 어렵다는 취업,

그 와중에 정규직이 종말을 고한다며 으름장을 놓는 이 시대에

과연 우리는 무엇을 준비하고 앞으로 나아가야 하는지

망망대해에서 좌표를 잃은 배가 된 기분입니다.

1인 기업을 부추기기도 하고

디지털 노마드 족이 되라고들 말하는데

그 중심에 기업가정신이 있으니

일단 기업가정신으로 무장하라고 아우성이네요.

외국에서는 초등생 때부터 기업가정신을 교육시키고,

대학에 전공학과가 있으며,

MBA에 사회적 기업가정신 전공이 느는 추세인데,

우리는 이제야 부랴부랴

기업가정신에 주목하는 모양새입니다.

도대체 기업가정신이 뭔가요?

　이 책은 4차 산업혁명, 미래 사회, 미래 직업을 바라보는 관점, 즉 미래 직업 세계관을 바탕으로 삼고 있다. 현대 경영학을 창시한 학자로 평가받는 피터 드러커는 '오늘 현재는 이미 와버린 미래'라며 이미 일어나고 있는 미래라는 관점에서 세상을 바라보라고 조언한다. 빌 게이츠는 1999년도에 이미 《빌 게이츠@생각의 속도》에서 15가지 미래 사회 모습을 예측했고, 그 미래는 지금 현실이 되었다.

　4차 산업혁명으로 불리는 변화는 사회, 문화, 경제 등 모든 분야에서 일어나고 있으며 가히 따라 잡기 힘들 만큼 속도가 빠르다. 미래학자들은 미래에 대한 경고가 날로 증가하는 지금, 가까운 미래의 삶과 직업에 대한 생각을 바꿔야 할 필요가 필수가 되고 있다고 말한다.

이 책의 출발은 미래 직업에 대한 세계관을 바꾸는 데 있다. 막연한 미래 변화에 대한 경고는 불안만 조장하고 야기할 뿐이다. 지금 대학을 다니거나 대학 졸업 후 일자리를 찾거나 막 사회생활을 시작한 사람들에게 과거 세대가 누린 안정된 직장을 찾으라는 말은 더 이상 통하지 않는다. 안정된 직장이란 더 이상 존재하지 않기 때문이다. 미래 변화를 대비해 가장 필요한 준비는 바로 '기업가정신'의 함양이다. 이는 4차 산업혁명의 소용돌이 속에서 청년들의 생존전략이다. 흔히 말하는 창업 마인드와는 다르고, 비즈니스모델로 설명하기에는 더 근본적인 개념이다. 단언컨대 변화무쌍한 미래 앞에서 2030 세대가 키워야 할 힘은 바로 '기업가정신'이다. 한 가지로 명확하게 정의하기 힘든 개념이지만 나름 정리하면 이렇다.

'나의 적성에 기초하여 나만의 분야를 찾고 이를 토대로 현재와 미래를 관찰하고 통찰하여 변화를 읽어낸다. 변화 속에서 기회를 포착하여 기존 시장의 것을 개선하거나 새로운 일자리를 창조하여 이를 비즈니스로 설계한 뒤 세상과 공유하거나 내가 직접 자본과 자원을 모아 사업화하는 것이다.'

12

불안하다고 움츠러드는 것이 아니라 위기를 기회로 만드는 적극적인 마음이 필요한 때다. 이 책이 무엇이든 해보고자 하는 마음을 꿈틀거리게 하는 단초가 되기를 바란다. 그리하여 수많은 청년들이 용기를 가지고 가장 자기다운 방식으로 자신이 하고 싶은 일을 찾을 수 있기를 바란다.

김미란·정보근·김승

C O N T E N T S

차례

1장 4차 산업혁명 시대, 달라진 일자리 세계

무엇을 상상하든 이미 현실이다 _ 21
융합과 연결은 실제 우리 삶을 어떻게 바꿀까 | 예측하고 준비하라

기술은 직업의 변화를 몰고 온다 _ 32
스마트폰의 등장으로 무엇이 사라지고 생겨났을까 |
구체적으로 미래와 마주하라 | 생각의 틀을 바꾸면 미래가 달라진다

기업가정신은 미래 생존의 열쇠 _ 40
이력서 대신 제안서를 써라 | 4차 산업혁명 시대에 필요한 기업가정신

1장

산업혁명 시대,
달라진 일자리 세계

2030년 풍요의 시대에는 의식주가 거의 무료가 된다. 인간이 하는 일은 대부분 기계, 센서, 칩, AI 로봇이 대신하게 되면서 일을 할 필요가 없는 시대가 온다. 이제 사람들은 기계나 컴퓨터가 할 수 없는 새로운 창조적 일들을 찾아내 스스로 일하고 만족을 얻는, 즉 '일거리'를 창출한다. _박영숙,《메이커의 시대》

F U T U R E   T A L E N T

무엇을 상상하든
이미 현실이다

　　　　　토요일 아침, 준수네 집의 풍경이다. 감정파악이 가능한 로봇은 준수 엄마, 아빠의 결혼기념일에 맞춰 케이크를 준비했다. 자기가 직접 만드는 것은 아니다. 3D 프린터기를 작동시켜 케이크를 제작한 것이다. 이후 로봇은 벨 소리를 듣고 현관문으로 간다. 드론이 택배 하나를 정해진 위치에 내려놓는다. 한편, 준수 엄마는 운동화를 신고 산책을 나갔다 돌아와서 케이크를 자르며 결혼기념일 축하파티를 한다. 그사이 인공지능 비서는 준수 엄마의 신발 센서에서 서버로 올라온 생체 정보를 분석하고, 1개월 분량의 정보를 모아 오늘 건강리포트를 출력할 계획이다. 오후에는 준수 가족이 함께 수목원에 가기로 했다. 물론 준수 엄마 아빠 누구도 운전할 생각이 없다. 자율주행 자동차이다.

    머지않은 미래에 어느 집에서든 펼쳐질 풍경이겠지만 아직 실감은 나지 않는다. 역사를 돌이켜보면 양적인 변화에 질적 변화가 더해지는 특이점을 맞아 돌이킬 수 없는 삶의 변화가 일어나는 순간들이 있다. 우리는 농업혁명, 산업혁명, 정보혁명을 거쳐 모바일혁명을 지나고 있다. 그중 산업혁명을 1차에서 4차까지 분류를 해보면 증기로 기계를 움직이는 첫 번째 산업혁명, 전기로 더 큰 기계를 자동으로 돌리는 두 번째 산업혁명, 컴퓨터와 프로그램으로 그 기계들을 제어하는 세 번째 산업혁명을 지나, 이제 네 번째 산업혁명이 시작되었다. 네 번째 혁명의 키워드는 '융합과 연결'이다. 과거의 혁명은 기술 그 자체의 혁신이었다. 그런데 이번에 우리가 만나게 될 혁명은 기술이 우리 일상으로, 사회 속으로, 그리고 생명체의 몸속으로 들어가는 혁신이다. 다른 측면에서 보면 눈으로 보고 손으로 만지던 '기술'이 만질 수 없는 '데이터'로 바뀌게 된 것이다. 아래 그림을 한번 보자.

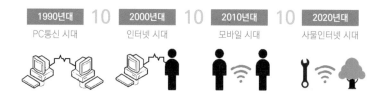

첫 번째는 PC와 PC가 연결된 PC통신 이미지, 그다음에는 사람과 HTTP주소 페이지가 연결되는 수많은 인터넷 웹 그물망 이미지, 그리고 그 옆에는 모바일로 사람과 사람이 직접 연결되는 사회관계망 이미지다. 그리고 마지막 네 번째 이미지는 사물인터넷 시대 Internet of Things, 약어로 IoT를 보여준다. 사물에 센서와 통신기능을 내장하여 모바일 인터넷에 연결하는 것이다. 그럼 어떤 일들이 일어날까. 도대체 얼마나 많은 사물이 인터넷과 연결될까. 정보기술 연구 및 자문회사 가트너에 따르면, 2020년까지 인터넷 기술을 사용하는 사물의 개수는 260억 개에 이를 것이다. 사물이 인터넷에 연결되면 방대한 데이터가 축적된다. 이것을 빅데이터라 부른다. 빅데이터를 딥러닝한 것이 바로 인공지능이다.

이러한 일련의 변화들이 놀랍게도 10년 단위로 일어났다. 처음에는 PC와 PC가 통신으로 '연결'되고, 그다음에는 사람과 웹페이지가 브라우저로 '연결'되고, 그다음에는 사람과 사람이 앱으로 '연결'되는 시대를 지나 앞으로는 사물과 사물이 서로 센서와 모바일 인터넷으로 '연결'되는 것이다. 결국 각 사물에서 수집한 데이터가 축적되고 이는 '빅데이터'가 되고, 빅데이터를 분석하는 인공지능은 이제 인간이 하던 기억, 연산, 학습, 축적, 판단을 일부 대체할 것이다. 모든 것이 융합되고, 연결되는 기술, 이것이 바로 4차 산업혁명의 본질이다.

융합과 연결은 실제 우리 삶을 어떻게 바꿀까

눈으로 보고 만질 수 있는 물리적 세계와 우리 인간의 생물학적 세계가 디지털의 빅데이터 세계와 융합하고 연결되는 세상이 열렸다. 이것은 우리의 일상을 어떻게 바꿀까.

24에이트[24eight]라는 신생업체는 이른바 무선 기저귀를 선보였다. 내장된 칩이 기저귀를 갈 때가 됐는지 감지해, 이를 부모나 보모에게 SMS로 알리는 제품이다. 칫솔도 등장했다. 블루투스가 장착된 스마트폰을 통해 인터넷에 치위생 데이터를 전송할 수 있는 칫솔이 개발된 상태다.

MIT는 일부 학생 및 대학과 공동으로 랜덤 홀[Random Hall] 기숙사의 화장실을 인터넷으로 연결했다. 어떤 화장실이 언제 비는지 온라인으로 정보를 제공하기 위해서다. 랜덤 홀 기숙사는 '화장실 서버' 구축 성공에 자극을 받았는지 세탁실의 세탁기와 건조기를 언제 사용할 수 있는지 정보를 제공하는 인터넷 연결망을 구축했다. 더 나아가, 학생들은 이메일 주소를 입력해 정기적으로 이에 대한 정보를 받아볼 수 있다.

USC[University of Southern California]는 옥외 정원을 인터넷으로 연결했다. 이 '원격 정원[Telegarden]'은 1년 뒤 오스트리아로 옮겨갔다. 정원사들이 전 세계 어디에서나 파종을 할 수 있도록 연구원들이 로봇 팔을 설치하고 인터넷을 연결시킨 정원이다.

광고 회사인 리싱크 토론토Rethink Toronto는 애견의 웰빙을 위해, 체온을 측정할 수 있는 온도계를 장착한 개 목걸이를 선보였다. 여기에는 코드를 입력한 칩과 SIM 카드가 달려 있다. 애견의 체온이 화씨 72도가 넘으면 주인에게 SMS 메시지를 보내는 데 쓰이는 장치이다.

한편, 네덜란드의 신생업체인 스파크드Sparked는 가축의 귓속에 무선 인터넷 센서를 이식해, 농부들이 가축의 건강을 체크하고, 고기나 우유에서 비롯되는 질병을 예방하고 있다. 시스코의 추정에 따르면, 소 1마리당 매년 200MB의 데이터가 전송된다. 코벤티스Corventis는 1회용 밴드같이 환자의 심장에 붙이기만 하면 심장 운동을 감시해 알려주는 심장 감시기를 개발했다. 그리고 FDA와 메디케이드 메디케어 센터는 지난 2010년 이 제품을 공식 승인했다. 이 제품은 환자의 심장이 부정맥이나 심부전을 일으키는지 의사에게 데이터로 경고를 해준다.

24에이트가 개발한 또 다른 이색 상품으로는 고령자를 염두에 둔 인터넷 연결 슬리퍼이다. 스마트폰의 기울기를 인식하는 기술과 유사한 기술을 채택한 이 슬리퍼는 착용자의 발걸음에서 건강의 이상신호를 감시, 이를 가족과 의사에게 알려준다. 나이키, 구글과 패션 회사인 WeSC 등은 소셜 미디어에 연결되거나, '장시간 가만히 서 있었기 때문에 운동이 필요하다'는 등의 대화를 할 수 있는 신발을 개발했다.

내추럴 퓨즈Natural Fuse라는 단체는 식물을 인터넷에 연결해 이산화탄소 배출을 줄이는 데 도움을 주고 있다. 이는 전기회로에 과부하가 걸리면 자동으로 이를 차단해주는 '서킷 브레이커'의 역할을 한다. 내추럴 퓨즈의 설명에 따르면, 서로 연결된 식물의 에너지를 활용, 전력 소비를 줄일 수 있는 시스템이다. 또 자동으로 물을 주는 기능도 있다. 비아 인텔리젠트Via INteligente라는 스페인 회사는 와이파이 신호를 방출하는 도로 포장석인 아이페이브먼트iPavement라는 제품을 개발했다. 말 그대로 도시 지면과 인도 전체를 와이파이 장치로 바꿔 모든 사람이 인터넷을 이용하도록 하는 것이 목적이다.(ITWorld 기사 참조)

이전에 한 번도 경험해보지 못한 사물인터넷으로 결합되고 연결된 세상이 펼쳐지고 있다. 놀라기에는 아직 이르다. 4차 산업혁명의 핵심 기술은 사물인터넷 이외에도 5개가 더 있다. 인공지능, 로봇공학, 무인운송수단(무인항공기, 무인자동차), 3D프린터(3차원 인쇄), 그리고 나노기술이다. 이러한 기술을 사용한 자동화 시스템이 우리 삶 깊숙이 들어오게 되면 많은 직업이 사라질 것이라고 미래학자들은 경고한다. 일자리 걱정, 미래 걱정으로 좌절하고 있는 청년들의 고민이 깊어질 수밖에 없는 현실이다. 어떻게 해야 할까?

예측하고 준비하라

우리는 여전히 과거 살아오던 삶과 생각의 방식에서 크게 벗어나지 못하고 있다. 변화는 아직 피부에 와 닿지 않고 생존 앞에서 1년 후를 내다보기 힘들 만큼 버겁게 생활하고 있다. 그러나 미래 기술이 사람들의 일상에 파고들어, 피부로 느낄 수 있는 충격의 시기, 받아들여야 하는 시기가 도래한다. 이를 전문가들은 '티핑 포인트'라 부른다. 티핑 포인트란 한 순간의 극적인 상황 변화를 일으키는 순간을 말한다. 그렇다면 4차 산업혁명의 기술변화가 일으키는 우리 사회 현실 속의 티핑 포인트는 언제 어떤 모습일까?《심대한 전환: 기술적 티핑 포인트와 사회 충격 서베이 리포트》에서 참고한 연도 및 변화 모습을 살펴보자. 이른바 '기술적 티핑 포인트'이다.

- 2018년 인구의 90퍼센트가 무한 용량의 무료 디지털 저장소를 보유한다.
- 2021년 미국 최초의 로봇 약사가 등장한다.
- 2022년 1조 개의 센서가 인터넷에 연결된다. 인구의 10퍼센트가 인터넷에 연결된 의류를 입는다. 3D프린터로 제작한 자동차가 최초로 생산된다.
- 2023년 최초로 상업화된 인체삽입형 모바일폰이 등장한다. 인구 조사를 위해 빅데이터를 활용하는 최초의 정부가 등장한다. 10퍼센트의 인구가 인터넷이 연결된 안경을 쓴다. 인구의 80퍼센트가 페이스북 등에서 디지털 정체성을 갖게 된다. 블록체인을 통해 세금을 징수하는 최초

의 정부가 등장한다. 인구의 90퍼센트가 스마트폰을 사용한다.

- 2024년 인구의 90퍼센트가 언제 어디서나 인터넷 접속이 가능하다. 3D프린터로 제작된 간이 최초로 이식된다. 인터넷 트래픽 50퍼센트 이상이 가정용 기기에 몰리게 된다.

- 2025년 소비자 제품 가운데 5퍼센트는 3D프린터로 제작된다. 인공지능이 기업 회계감사의 30퍼센트를 수행한다. 자가용보다 공유차로 여행하는 수가 많아진다.

- 2026년 미국 도로를 달리는 자동차들 가운데 10퍼센트가 자율주행자동차다. 기업의 이사회에 인공지능 기계가 최초로 등장한다. 신호등 하나 없는 인구 5만 명의 도시가 탄생한다.

- 2027년 전 세계 GDP의 10퍼센트가 블록체인 기술에 저장된다. 블록체인은 인터넷 가상화폐인 비트코인의 기반기술이다.

티핑 포인트는 서서히 축적된 변화가 결국 임계점에 이르는 시점이다. 물에 열을 가해 100도가 되면 끓어오른다. 그럼 99도에는 차갑다가 갑자기 끓어오르는 것일까? 점점 뜨거워지다가 100도에 결국 끓어오르는 것처럼 티핑 포인트도 마찬가지다. 변화가 꾸준히 쌓이는 동안 그걸 알아차리고 준비하는 자세가 필요하다.

4차 산업혁명의 티핑 포인트 시기는 분명 폭풍처럼 몰려올 것이다. 한번은 강의를 듣는 학생들을 대상으로 5가지 OX 문장을 제시한 적이 있다.

A. 4차 산업혁명은 실체가 없는 막연한 미래의 이야기이다.

B. 4차 산업혁명의 진정한 '융합'은 다양한 분야를 조금씩 골고루 아는 사람에게 유리하다.

C. 4차 산업혁명은 기술의 격차 없이 모든 사람에게 공평한 지식과 부를 나눠줄 것이다.

D. 4차 산업혁명을 통해 인공지능은 인간의 '모든' 영역을 대체할 것이다.

E. 4차 산업혁명은 인간의 일자리가 로봇으로 대체될 것을 예고한다.

학생들은 다양한 답변들을 쏟아냈다.

"예전에는 막연했는데, 알파고를 본 이후에 생각이 달라졌어요. 인공지능이 정말 이제는 우리의 현실로 들어와 있다는 것을 깨달았어요. 인공지능은 4차 산업의 핵심이잖아요. 4차 산업혁명은 막연한 이야기가 아니라, 우리의 미래 그리고 나 자신의 직업과도 관련이 있는 이야기라고 생각합니다."

"4차 산업혁명의 키워드는 융합인데, 이때의 융합은 여러 분야를 조금씩 넓게 아는 것으로는 도움이 안 된다고 생각합니다. 한 분야를 알더라도 제대로 깊이 알아야 다른 분야와 융합이 가능하다고 생각해요."

"4차 산업혁명의 기술은 격차 없이 모든 사람이 골고루 누린다고 생각하지 않아요. 지금도 정보의 격차, 기술의 격차가 큰데, 4차 산업혁명과 같은 창조적인 혁신을 주도하는 사람과 그 혁신의 결과를 그냥 따라가는 사람의 격차가 더 커질 것으로 보입니다. 자료를 찾아보니 결국 자본의 문제라고 합니다. 자본이 큰 기업은 인공지능 로봇에 투자하고 이를 노동현장에 투입하여 단순 노동을 하던 사람의 일자리를 모두 대체하고 더 높은 효율과 생산성으로 더 많은 이익을 얻습니다. 일자리를 빼앗긴 노동자들은 빈곤의 악순환이겠죠. 격차는 지금보다 더 벌어질 것 같아요."

"인공지능이 인간의 영역을 대체하는 수준을 '싱귤래리티'라고 하는데 인공지능이 빠른 자기계발 사이클 속에 비약 발전해 인간 지능을 넘어 도약하는 기점이라고 합니다. 이 부분에 대해 저는 그런 일이 일어나지 않을 거라고 희망적인 판단을 합니다. 왜냐하면, 인간은 생존본능이 있고 정치적 존재라, 분명 그런 상황이 올 거라 예상이 되면 정치, 정책, 제도, 규제 등으로 인공지능의 발전 속도를 제한하거나 다른 방식의 균형점을 만들 거라 확신합니다. 인간의 자존심을 지키기 위해서요. 더 솔직히 말하면 일류가 살아남기 위해서요."

"4차 산업혁명으로 인간의 일자리가 로봇으로 대체되는 것은 어느 정도 인정합니다. 하지만 저는 조금 생각이 다른데요. 단순한 노동과 암기, 기억 위주의 정보 업무는 분명 인공지능이나 로봇으로 넘어갈 것입니다. 하지만 이세돌이 알파고를 한 번 이겼던 78수가 떠올랐어요. 이 78수는 전 세계 바둑 프로들도 예상하지 못한 창의적이고 창조적인 수였다고 합니다. 인간의 위대함이 거기에 있습니다. 이세돌의 78수를 받고, 알파고는 버그를 일으키고 말았습니다. 도무지 예상하지 못한 인간만의 창조력이죠. 바로 이런 인간성의 영역이 분명 있을 겁니다. 걱정은 돼요. 그런 일을 모두가 할 수 있는 것은 아니라는 점입니다."

 진지하게 미래를 고민하는 모습이 역력했다. 미래를 향한 변화가 빨라지면서 위기의식도 덩달아 커지고 있는 것이다. 이제 남은 문제는 오직 하나이다. 4차 산업혁명이 우리의 직업세계에 어떤 변화를 줄 것인가. 과연 우리는 어떻게 대비해야 하는가.

기술은 직업의 변화를
몰고 온다

대학을 졸업하면 안정된 직장에 취직해 정년까지 다니던 시절은 까마득해졌다. 정규직이 빠르게 감소하면서 고용시장이 계약직과 프리랜서 중심으로 재편되고 있다. 미국 Intuit 사가 발표한 미래 전망 보고서에 따르면, 2020년에는 40퍼센트 이상의 미국 노동인구가 프리랜서 형태로 일하게 될 것이다. 우리나라도 예외가 아니다. 기술의 변화가 고용 방식에 변화를 가져왔지만 직업의 변화도 몰고 왔다.

직업의 변화를 이해하는 것은 한 단계 더 깊이 들어가는 작업이다. 컴퓨터 정보기술로 대표되던 3차 산업혁명이 2009년 아이폰의 등장으로 엄청난 변화가 일어났다. 기술의 '공간' 개념이 '책상 위'에서 '손바닥 위'로 바뀌었다. 기술은 특성상 더 뛰어난 기술이 나오면 이전 기술을 흡수해버린다. 2009년은 아이폰이 대한민국에 상륙한 해이다. 그 기술이 워낙 탁월하여 그 이전 기술들은 순식간에 쇠퇴의 길로 접어들었다.

음악을 듣던 MP3, 영화와 동영상 강의를 듣던 PMP, 주로 책을 보던 전자책기기 '킨들' 등에 타격을 가했지만 가장 충격이 컸던 건 디지털 카메라였을 것이다.

스마트폰의 등장으로 무엇이 사라지고 생겨났을까

기술의 변화는 이전 기술을 흡수하면서 큰 파장을 만든다. 단순히 이전의 기능을 쇠퇴시키는 것으로 끝나는 것이 아니라 직업 세계의 지형을 바꿔버린다. 초기에는 이전 기술에 기반을 둔 직업의 쇠퇴현상이 일어난다. 그럼 스마트폰의 모바일 혁신으로 점차 쇠퇴하게 된 직업에는 뭐가 있을까? 이런 생각들은 변화를 읽어내는 통찰을 익히는 데도 도움이 된다.

스마트폰과 동일한 기능을 가진 이전 기기로 PC, 디지털스틸카메라, 캠코더, MP3 플레이어, 휴대용녹음기, 휴대용게임기, 시계, 전자계산기, 내비게이션, 달력, 전자사전, e-Book 등이 있었다. 이러한 기능을 활용한 직업들이 아마도 쇠퇴의 길을 걸었을 것이다. 예를 들면 사진사, 사진관, 비디오대여업, 내비게이션 업체 등.

사라지는 직업만 있는 것은 아니다. 새로운 기술과 함께 뜨는 직업이나 생겨나는 직업도 있다. 새로운 기술이 새로운 상품을 만들고, 새로운 서비스를 만들어 직업을 만들어낼 수도 있다. 이 과정에서 또 한 가지 기억할 것은 '기술'은 '상품'을 만들어내고, 상품은 '서비스'를 만들어낸다는 사실이다. 이 과정에서 직업이 생겨난다. 하나의 기술은 기술 그 자체로 머물지 않고 하나의 산업을 만들어내고, 직업은 그 속에서 발생한다. 예들 들어 모바일 통신기술과 반도체 기술이 만나 스마트폰이라는 상품을 만들어냈고, 이를 통해 스마트폰을 유통, 판매, 수리하는 직접 서비스가 생겨나고, 또는 스마트폰에 사용하기 위해 앱 서비스와 스마트폰을 활용하여 사진인화, 영화촬영, 관광, 교육 등 간접적으로 활용되고 확장되는 서비스가 발생한다. 이 과정이 모두 '직업의 쇠퇴, 소멸, 생성, 변화' 등을 만들어내는 것이다.

구체적으로 미래와 마주하라

사회에 첫발을 내딛기 전에 자신의 진로와 미래 직업의 변화를 냉정하게 마주하는 시간을 가져보자. 다음은 하나의 도시를 보여주는 그림이다. 그림 속에는 수많은 건물이 있다. 공원, 식당, 방송국, 법원, 병원, 극장, 교회, 금융기업, 마트, 은행, 신문사, 체육관, 출판사, 미용타운, 대학, 학교, 공항 등 다양한 분야를 망라하였다. 현재 자신의 진로 목표, 즉 직업 목표를 반영하여 그중에 어느 건물에 출근하고 싶은지, 구체적으로 어떤 일을 하고 싶은지 생각해보자. 자신의 현재 꿈은 무엇인지, 이 꿈이 이루어진다면 아마도 언제쯤일지, 매일 아침 어디로 출근하게 될지, 주로 일하는 모습은 어떨지, 주말에는 무엇을 하고 싶은지 등을 즐겁게 상상하며 적어보자.

- 나의 현재 꿈은 _____

- 이 꿈이 이루어진다면 아마도 이때쯤이 아닐까? _____

- 나는 매일 아침 _____ 로 출근할 것이다.

- 나는 _____ 일을 하고 있을 것이다.

- 주말에는 _____ 을 하며 보낼 것이다.

우리가 가까운 미래에 맞이하게 될 미래는 지금과는 여러 면에서 다른 모습일 것이다. 방송계에는 1인 미디어가 더욱 확대되고, 심지어 기사 작성도 자동화 프로그램으로 이루어질 것이다. 법원은 법률공용서비스 또는 법률가 공급 초과로 인한 서비스 보편화, 병원은 원격의료 및 의료 로봇 등장, 금융은 모바일 뱅크가 도입된다. 기업은 기계화로 인한 노동 대체, 심지어 마트에는 모바일 장보기와 자동결제시스템, 드론 배달이 일상화되고, 은행의 모든 창구는 기계화될 것이다, 출판 분야도 자동화 시스템이 도입될 것이고, 항공은 무인항공과 무인운송 시스템이 도입될 것이다. 교육 현장에서도 스마트교실과 원격교육이 자리 잡을 것이다.

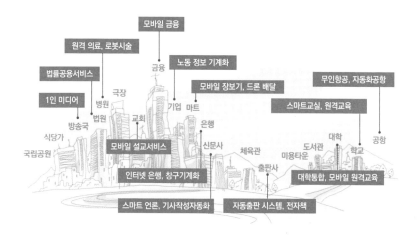

막연히 주어진 현실에 안주하며 스펙 쌓고 자격증 따기 위해 애쓰기보다 다가올 미래를 구체적으로 떠올리며 준비하는 시간이 더

값지다. 뛰기 전에 먼저 생각을 하는 것이 필요하다. 커다란 변화를 앞둔 지금은 더욱 냉정하고 깊게 생각해 행동해야 한다. 익숙하고 편한 것을 추구하는 우리의 뇌는 원하지 않는 방향이겠지만 세상을 관찰하고 통찰하면서 내 인생을 헌신할 만한 무언가를 신중히 생각해야 한다.

생각의 틀을 바꾸면 미래가 달라진다

미래의 변화는 생각보다 빠르고, 예상보다 폭이 크다. 세계적인 두 스타 CEO가 미래의 변화를 두고 상반된 전망을 내놓았다. 페이스북의 CEO인 마크 주커버그와 테슬라의 CEO 엘론 머스크는 인공지능과 함께하는 미래에 대해 논쟁을 펼친 바 있다. 마크 주커버그는 "인공지능의 미래에 대해 낙관적입니다. 나는 당신이 더 나은 것을 만들 수 있고 세상을 더 낫게 만들 수 있다고 생각합니다. 특히나 인공지능에 대해서도 낙관적인데 여기에 대해 맹목적으로 반대하거나 인류 멸망의 시나리오 등을 들이대려는 이들을 이해할 수 없습니다. 이는 지극히 부정적인 생각이며 어떤 면에서는 상당히 무책임한 것입니다."라고 말했다. 반면 엘론 머스크는 인공지능에 힘입은 슈퍼 스마트한 기계가 언젠가 인류에 커다란 위협이 될 수 있다고 우려했다.

여러분은 어떻게 생각하는가? 4차 산업혁명과 관련한 수많은 뉴스가 연일 쏟아지고 있다. 그중에 우리의 눈길을 끄는 뉴스는 유독 불안을 부추기는 내용이 많다. "미래에는 인공지능, 로봇과 인간이 경쟁해야 한다.", "과학기술은 인간의 일자리를 빼앗을 것이다.", "인간의 직업은 첨단과학으로 대체될 것이다.", "결과적으로 오랜 역사와 함께 존재했던 인간의 직업은 미래에 줄어들고, 사라진다." 이러한 일자리의 변화 소식을 들으면 당연히 위축되고 마음이 불편해진다. 지레 겁먹지는 말자. 어차피 일어날 미래라면 수용하는 편이 더 나은 길을 모색하는 데 도움이 된다. 중요한 것은 변화를 받아들이는 태도다.

강의장에서 만난 수강생들 또한 미래에 대해 다양한 태도를 갖고 있었다. 무심한 경우도 있었고 잔뜩 불안해하며 걱정만 하는 경우도 있었다. 반면 긍정적인 태도도 많았다. 무인항공과 드론의 시대가 오면 "조종사 일자리는 사라지겠구나."라고 반응하는 사람도 있지만 "무인항공 조종기술과 드론 전문지식을 미리 준비하자. 분명 좋은 기회가 올 거야." 심지어는 "고령화가 가속화되어 경제인구가 줄겠습니다."라는 기사를 들은 뒤에는 이런 반응도 나왔다. "실버산업이 발달할 것이다. 우리가 어떤 직업을 갖건 그 방향을 실버산업으로 접목하면 될 거야. 미래에는 노년층을 위한 서비스가 대세가 될 거야. 이것을 준비하면 충분히 가능성은 있어."

여러분은 어느 쪽인가. 부정적인 반응 아니면 긍정적인 반응. 결국 선택은 여러분의 몫이다.

어떻게 하면 긍정적인 선택을 할 수 있을까. 무엇이 두려움을 이기게 하는가. 어떻게 차분하게 미래를 관찰하고 그 속에 변화를 읽어 기회를 포착할 수 있는가. 수많은 전문가들이 다양한 말을 하고 있지만 공통적으로 한 가지는 일치한다. 관찰하는 것이다. 미래에 대한 관심을 가지고 관찰하다 보면 거기서 통찰의 빅뱅이 일어난다는 것이다.

또 한 가지 분명한 점은 기존의 직업관이나 일에 대한 세계관으로는 이런 직업 세계의 빠른 변화에 대처하기 어렵다는 것이다. 가지 않은 길에 대한 두려움을 딛고 새로운 도전이 필요한 때다. 이 새로운 길에 도전하기 위한 열쇠가 '기업가정신'에 있다.

FUTURE · TALENT

기업가정신은
미래 생존의 열쇠

이력서 기준이 바뀌었다. 학벌보다는 실무 역량과 업무 적합성 등을 더욱 중시하는 블라인드 채용 방식이 올해부터 공공기관에 도입됐기 때문이다. 이력서에 신체 조건이나 학력 등을 기재하는 곳이 사라졌다. 게다가 가족사항, 출신 지역 등이 사라지니 그야말로 외모, 학연, 지연 등을 배제하고 철저하게 실력 위주로 채용을 하겠다는 것이다. 물론 일반 기업에까지 확대가 되려면 시간이 걸리겠지만 이미 대기업부터 변화에 동참을 선언하였다. 철저히 능력으로 승부해 보라는 것이다.

이와 궤를 같이 하여 오랜 준비 끝에 국가직무능력표준(NCS)을 완성하여 산업현장에서 직무를 수행하기 위해 필요한 역량(지식, 기술, 태도)을 체계화하였다. 먼저 직업인으로 살아가기 위해 공통적으로 필요한 직업기초능력을 제시하였고, 해당 분야별로 필요한 직무수행능력이 있다. 이제 출구는 정해졌다. 대학을 졸업하여 세상에 나가면 해당 분야에서 어떤 능력을 갖추고 일해야 하는지 깔끔하게 정리되었다. 하지만 지금부터 고민 시작이다. 기업이 채용 기준을 명확하게 발표하는 순간 취업준비생들은 벌렁거리는 심장을 붙잡고 다시 하얗게 뜬 얼굴로 '또' 준비하고 '더' 준비하고 '다' 준비해야 한다. 먼저 바뀐 이력서에 간단히 어떤 면에서 준비된 인재인지 키워드를 써 넣어보자.

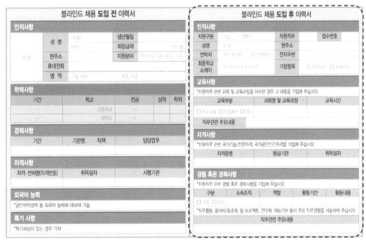

블라인드 채용 이전과 이후의 바뀐 이력서. 〈뉴시스〉 참조

이력서 대신 제안서를 써라

오랜 기간 공부하고 준비해서 대학을 졸업했는데 졸업자의 50퍼센트는 자신의 전공과 일치하지 않는 일을 한다. 이는 적성을 제대로 모르고 전공을 선택한 원인과 더불어 학교교육과 산업현장의 괴리도 한 몫을 한 결과이다. 근본적으로는 대학의 인재상과 사회의 인재상에 불일치가 있으며, 사회와 경제의 변화와 요구에 대한 대학의 반응이 느리기 때문이다.

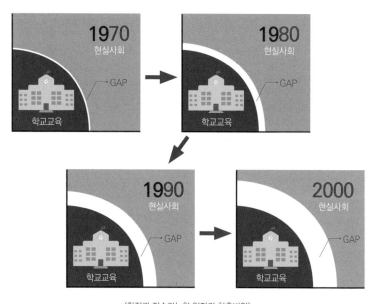

〈창직과 지속가능한 일자리 창출방안〉

그나마 취업이 된다면 다행이지만 오랜 준비를 했음에도 취업이 안 되는 것은 더 큰 문제다. 해가 갈수록 청년 실업률이 높아지더니 1999년 IMF 외환위기 이후 최악으로 치닫고 있다. 청년 3명 중 1명은 실업자라는 말도 있다. 이는 인력공급의 과잉과 일자리 부족이 맞물린 결과이다. 근본적으로는 산업구조와 경제 패러다임이 기술과 정보 중심의 고용 없는 성장 시대로 바뀌고 있기 때문이다. 세계 최대 인터넷 검색 서비스인 구글이 선정한 최고의 미래학자이자 유엔미래포럼 이사인 토마스 프레이는 "2030년까지 20억 개 일자리가 사라질 것이다."라는 우울한 전망을 내놓았다. 어디 비비고 기댈 언덕이 없다.

취업조사 사이트에서 제공한 신입사원 평균연령은 28세이다. 그리고 통계청이 밝힌 국내 근로자의 평균 퇴직 연령은 52.6세, 반올림하여 53세로 통 치자. OECD 자료를 보면 한국인의 기대수명은 81.9세이다. 그런데 이 수명에서 질병 때문에 건강하지 못한 상태로 살아가는 평균 나이를 빼면 대략 72세 정도가 건강수명으로 나온다. 이제 앞에서 나온 이야기로 간단히 정리를 해보자. 28세에 일을 시작하고, 53세에 퇴직을 한 뒤, 건강한 상태로 활동할 수 있는 72세까지 약 20년 동안이 진공상태이다. 심지어 시사주간지 '타임'은 2015년에 태어난 신생아가 미래에는 142세까지 살 거라고 보도했다. 여기에 앞서 언급한 기술의 혁명으로 미래에 사라지는 직업 통계까지 들이민다면 거품이 나올 지경이다.

상황이 이러한데도 여전히 안정된 직장을 찾기 위해 머리를 싸

매야 하는 걸까. 미래 변화와 함께 내 인생의 올바른 방향과 목적을 찾아야 하지 않을까.

독일의 미래학자 마티아스 호르크스는 우리 시대의 6대 메가트렌드 중 하나로 새로운 노동을 꼽는다. '창의적 계급'이 형성되고, 프로젝트 방식의 창조적 서비스 분야가 증가하며, 노동 계약 기간은 점점 짧아질 것으로 예상한다. 더불어 더 많은 '1인 기업'이 등장할 것으로 내다본다. 이제 어디에 소속되기 위해 이력서를 쓰는 것이 아니라 더욱 적극적으로 사업제안서를 써보는 것은 어떨까. 28세부터 처음 25년 동안 하고 싶은 일을 먼저 생각하고 나머지 20년 동안 하고 싶은 일을 간단한 창업 아이템 메모지에 가벼운 마음으로 적어보자. 워밍업이다.

1. 창업 아이템(분야 아이디어) : _____

2. 사업 제안(사업 아이디어) : _____

3. 필요성(시장 가능성) : _____

4차 산업혁명 시대에 필요한 기업가정신

앞서 살펴본 블라인드 채용과 4차 산업혁명이라는 거대한 변화 앞에서 우리는 적어도 2가지 핵심적인 대비가 필요하다. 첫째, 특정 분야의 전문가로서 철저히 준비해야 하고, 이를 증명할 수 있어야 한다. 둘째, 미래의 변화를 통찰하고 기존의 것을 혁신하거나 아예 새로운 것을 창조할 준비를 하고 틈틈이 이를 실험하고 연습해야 한다. 이 두 가지를 명심한다면 어떤 변화가 와도 자신의 분야에서 충분히 자기 몫을 해내고 미래를 주도할 수 있을 것이다.

이 두 가지를 포함하는 개념이 기업가정신Entrepreneurship이다. 요즘 들어 부쩍 기업가정신에 관한 이야기들이 시끌벅적하게 쏟아져 나온다. 기업가정신을 바탕으로 한 스타트업 운동은 전 세계적으로 활발하게 진행 중이다. 벤처기업이 초기기업을 뜻하는 말로 그 의미가 확장되면서 수많은 스타트업이 생겨나고 있다. 갈수록 일자리가 사라지고 기업의 고용도 줄어들고 있어 창업은 어느덧 어쩔 수 없는 선택이 된 상황이다. 이런 현상은 우리에게 무엇을 의미할까? 한번쯤 들어본 듯하지만, 여전히 생소한 기업가정신이 우리의 삶에 점점 더 직접적으로 영향을 미치고 있다는 것이다.

도대체 기업가정신이라는 것은 무엇일까? 사전을 보면 조금 이해가 가는데 "외부환경 변화에 민감하게 대응하면서 항상 기회를 추구하고, 그 기회를 잡기 위해 혁신적인 사고와 행동을 하며, 시장에 새로운 가치를 창조하고자 하는 생각과 의지"를 말한다.

여전히 기업가정신이 막연하게 느껴질 것이다. 기업가에게만 국한된 이야기는 아닌지, 기업가정신이 왜 나에게 필요하다는 것인지 도무지 와 닿지 않을지도 모르겠다.

4차 산업혁명이 몰고 올 변화는 우리가 가보지 않은 길이다. 모든 것의 기준을 새로 세워야 하는 만큼 새로운 정신의 힘이 필요하다. 그래서 기업가정신이 필요하다. 모든 것은 기업가정신에서 시작될 것이다. 기업가정신을 가지고 있느냐 없느냐에 따라 여러분의 인생이 달라질 수 있다.

2장

모든 것은
기업가정신에서
시작된다

세상에서 가장 일하기 힘든 사람들은 마음이 가난한 사람들이다. 작은 비즈니스는 돈을 별로 못 번다 하고, 큰 비즈니스는 돈이 없다고 하고, 새로운 것을 시도하자고 하면 경험이 없다 하고, 전통적인 비즈니스라고 하면 어렵다 하고, 새로운 비즈니스모델이라고 하면 다단계라고 한다. 자신들은 대학교수보다 더 많은 생각을 하지만 장님보다 더 적은 일을 한다.

-알리바바 마윈

F U T U R E   T A L E N T

4차 산업혁명 시대에
필요한 정신

기업가정신은 다양한 확장성을 가진 개념이다. 하나로 정의 내리기 힘든 만큼 개념 잡기가 쉽지 않다. 기업가정신이라는 용어를 처음 사용한 사람은 한번쯤 들어본 적 있는 경제학자 슘페터Joseph Alois Schumpeter이다. 기업가정신을 말할 때 꼭 등장하는 사람이다.

슘페터는 기업가정신이 창조적 파괴와 관련이 있다고 말했다. '새로운 방식'으로 '새로운 상품'을 개발하는 것을 기술 혁신이라고 규정하고 기술 혁신을 통해 '창조적 파괴Creative Destruction'에 앞장서는 기업가의 노력이나 의욕을 기업가정신이라고 표현했다. 여기서 말하는 창조적 파괴는 낡은 것은 계속 파괴하고 새로운 것을 계속 창조하면서 끊임없이 경제구조를 혁신해가는 산업 개편 과정이다.

숨페터는 창조적 파괴의 사례로 미국 중서부 지역 일리노이에 기차 중앙역이 건설되면서 철도화로 인해 새로운 사업 기회가 생겨나기도 하지만, 주변 지역의 급속한 도시화로 인해 농업이 설 자리가 사라지는 양면적 결과를 언급하기도 했다. 숨페터가 말한 기술 혁신은 '신결합'이라는 단어로 표현되기도 한다. 신결합은 신상품이나 신품질의 상품 도입, 새로운 생산방법의 도입, 신시장 개척, 산업의 재조직 등을 의미한다.

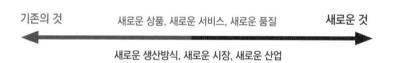

통찰1. 혁신은 이미 있는 상품의 품질이나 서비스를 개선하는 것도 포함한다.

통찰2. 혁신은 이미 있는 상품을 새로운 생산방식으로 만드는 것도 포함한다.

통찰3. 혁신은 이미 있는 모든 것 위에, 새로운 시장을 개척하는 것도 포함된다.

또 기억해야 할 중요한 사람, 피터 드러커^{Peter Drucker}가 있다. 경영학의 아버지로 불리는 피터 드러커는 기업가정신은 대기업뿐만 아니라 중소기업, 공공기관에도 필요하고 새로운 기업뿐 아니라 오래된 기업에서도 필요하다고 말한다. 게다가 기업 단위에 국한되지 않고 한 사회의 모든 구성원이 본질적으로 가지고 있어야 할 자기혁신의 '바탕'이라고 강조한다. 기업가정신을 바탕으로 끊임없는 혁신을 추구해나갈 때 비로소 한 사회가 '다음 사회'로 진보해나갈 수 있다고 한다. 한마디로 기업가정신이 한 개인을 넘어, 조직, 사회, 국가의 발전을 견인하는 '거대한 정신'이라는 것이다. 기업가정신으로 한 국가와 한 사회가 성숙해지고 결국 다음 사회로 도약할 수 있다는 '역사성'을 배울 수 있다.

자기 혁신을 견인하는 힘

우리가 누군가의 '행복'에 대한 정의에 대해 판단을 한다고 가정해보자. 바로 그때, 어떤 정의에 정답을 외치고, 어떤 정의에 오답을 외칠 수 있겠는가. 사람마다 행복에 대한 정의는 다르기 때문이다. 그나마 정답에 가까운 답변 방식은 "제가 생각하는 행복은 OOO입니다."일 것이다. 기업가정신에 대한 정의도 이와 마찬가지다. 각자가 생각하기에 따라 정의가 달라질 수 있다.

"기업가정신은 실질적으로 아무것도 아닌 것에 가치 있는 무언가를 만들어내는 창의적인 행동이다. 보유하고 있는 자원의 부족을 감수하고 새로운 기회를 추구하며, 비전을 추구함에 있어 다른 사람들을 이끌 열정과 헌신, 계산된 위험을 감수하는 의지가 필요하다."

-제프리 티몬스^{Jeffry Timmons}

"기업가정신을 가진 사람은 다른 사람들이 발견하지 못한 기회를 찾아내는 사람, 사회의 상식이나 권위에 사로잡히지 않고 새로운 사업을 추진할 수 있는 사람, 행복을 추구하는 사람이다."

-칼 베스퍼^{Karl Vesper}

"기업가정신이란, 문자 그대로 해석하면 '기업가의' 혹은 '기업가적인' 정신을 의미한다. 하지만 기업가정신은 단순히 기업가의 정신 상태나 심리 요소, 태도만을 의미하는 것이 아니라, 기업가의 개인적 특성^{Personality}과 행동, 역량 등을 총괄하는 개념으로 볼 수 있다. 기업가정신이라는 말은 200여 곳 이상 사용되고 있지만 완벽하게 일치된 의미를 찾지는 못했다."

-도널드 쿠라토^{Donald F. Kuratko}

기업가정신을 말하기에 앞서 기업가정신에서 기업가란 단순히 회사를 경영하는 경영자로 제한할 수 있는 용어가 아니다. 변화를 지켜보며 기회를 찾아 아이디어를 꺼내 도전하고 개척하는 정신을 가진 사람의 총체이다. 그렇기 때문에 기업가정신은 자기 혁신을 위한 거대한 정신이 될 수 있다고 드러커는 강조한다. 기업가정신을 다음과 같이 정의해본다.

기업가정신은 현재와 미래 변화를 관찰하고 기회를 포착하며 아이디어를 생성한 뒤, 사업모델을 설계하는 것을 시작으로, 이를 통해 직업과 직무를 창조하여 보급하거나 자원을 모아 사업을 시작하거나 사회적 공익을 추구하는 태도나 지식, 능력이다.

여러분은 어떻게 생각하는가. 이제 왜 4차 산업혁명을 맞아 기업가정신이 주목을 받고 있고 여러분에게 필요한 것인지 감이 오지 않는가. 이러한 사고방식과 도전방식을 마음속에 새기면 삶에 변화가 일어날 것이다.

내가 생각하는,
"기업가정신이란, _____"

스티브 잡스와 빌 게이츠의 공통점

지난 33년간 매일 아침 거울을 보면서 나 자신에게 묻곤 했습니다. '오늘이 내 인생의 마지막 날이라면, 그래도 오늘 하려던 일을 하고 있을까?' 하고 말입니다. 연달아 "아니오!"라는 대답이 며칠 계속 나올 때는 뭔가 변화가 필요한 때라는 사실을 깨달았습니다. … 외적인 기대, 자부심, 수치스러움이나 실패에 대한 두려움 등은 모두 '죽음'에 직면해서는 다 떨어져 나가고, 오직 진실로 중요한 것만 남기 때문입니다. 당신이 죽으리란 사실을 기억하는 것이야말로 잃을 게 있다는 생각의 덫을 피하는, 내가 아는 최고의 방법입니다.

-스티브 잡스, 2005년 스탠포드대학교 졸업식에서

혁신의 대명사가 된 스티브 잡스. 그는 매일 아침 하루를 시작하면서 스스로에게 질문을 던졌다. "만약 오늘이 내 삶의 마지막 날이라면, 내가 지금 하려던 일을 나는 여전히 하고 싶어 할 것인가?" 그런 각오로 그는 평생 수많은 혁신을 이뤄냈다. 세계 최초의 개인용 컴퓨터(PC) 애플I을 비롯, MP3 플레이어 시장을 순식간에 장악한 아이팟, 휴대폰 산업의 지형도를 뒤바꿔놓은 아이폰 등이 그의 머리와 손끝에서 나왔다. 그는 기존의 것을 고집하지 않고, 위험을 무릅쓰며 새로운 기회와 가치를 추구하고 혁신하는 마인드를 가졌다.

사생아로 태어나 블루칼라인 양부모 밑에서 자랐고, 우등생과는 거리가 멀었던 잡스와는 대조적으로 유복한 가정에서 유명 사립고를 거쳐 하버드대학에 진학한 빌 게이츠 또한 혁신으로 세상을 바꾼 인물로 꼽힌다. 빌 게이츠는 무엇보다도 고객을 행복하게 만드는 데 집중했다. 그러자면 먼저 고객을 불평하게 만드는 것이 무엇인지 알아야 한다. 그는 가장 많은 불만을 늘어놓는 고객에게서 가장 많이 배울 수 있다고 말했다. 고객의 불평을 이해한다면 앞으로 같은 실수를 다시 하지 않을 것이라고 확신했기 때문이다. "성공을 축하하는 것은 좋다. 그러나 더욱 중요한 것은 실패가 주는 교훈에 주의를 기울이는 것이다." 그가 한 말을 통해 그가 시장과 고객을 관찰하고 가능성을 찾는 태도, 실패를 통해 성장하려는 정신을 엿볼 수 있다.

미국 프로농구 댈러스 매버릭스의 구단주이자, 세계 최초 고화질(HD) 영상전문 TV 네트워크업체를 소유한 마크 큐반은 무일푼에서 억만장자로 변신한 인물이다. 평생 창업가로 살았으며 바텐더 등 다양한 직업을 경험했다. 마크 큐반은 언제나 자신이 즐길 수 있는 직업을 찾았고 성공을 위해 부단히 노력했으며, 자신의 성공비결은 "새로운 직업을 가질 때마다 모든 경험이 도움이 된다고 생각하는 긍정적인 마인드와 자신에 대한 정확한 판단, 현실에 안주하지 않는 마음"이라고 말하기도 했다. 동시에 실패를 두려워하지 않고 실패를 통해서 많은 것을 배울 수 있다는 '자신감'과 '도전정신'을 기업가 정신의 덕목으로 삼았던 인물이다.

페이스북 창업자 마크 저커버그는 페이스북을 운영하면서 '해커웨이'라는 기업문화를 만들었다. 이는 두려움 없이 빠르게 아이디어를 실행하는 능력을 말한다. '린 스타트업'과 의미가 유사하다. 린 스타트업은 미리 정교하고 장기적인 계획을 세우는 대신 일단 재빠르게 제품이나 서비스를 시장에 내놓고 반응을 살피면서 개선해나가는 창업 방법을 말한다. 기업가정신에서 중요한 요소 중 하나도 아이디어를 구체화하고 사업화하는 실행력에 있다. 스티브 잡스나 빌 게이츠, 마크 저커버그, 마크 큐반 등 새로운 혁신과 도전으로 세상을 사로잡은 사람들의 공통점이 바로 기업가정신을 지니고 있었다는 것이다. 기업가정신의 사례로 경영자만 있는 것은 아니다. 기존의 회사가 새로운 제품과 사업을 시도함으로써 기회를 만든 사례도 있다. '아이로봇'이라는 군용로봇 기업인데 이 기업은 자신들의 전문성을 살려 '룸바'라는 로봇 청소기를 만들기 시작했다. 기존의 전문성과 역량을 충분히 활용해도 혁신을 이룰 수 있음을 보여주는 사례다.

기업가정신에서 '기업가'는 누구인가

'기업가정신'에서 기업가는 누구를 지칭하는 말일까. 사전을 찾아봐도 '기업가'의 개념이 2개로 나와 있다. 비슷한 듯 다르다.

기업가1 企業家
기업에 자본을 대고 기업의 경영을 담당하는 사람.

기업가2 起業家

어떤 사업을 구상하여 회사를 설립하는 일을 직업으로 하는 사람.

가장 명확한 차이는 한자의 차이인데, 企는 '꾀하다. 발돋움하다'라는 뜻이고, 起는 '일으키다'는 뜻이다. 풀이를 찬찬히 살펴보면 내용에서도 차이가 있다. 앞의 기업가는 경영을 담당하는 사람, 뒤의 기업가는 창업을 하는 사람에 가깝다.

이 책이 강조하는 기업가정신에서의 기업가는 위에서 오른쪽에 가깝다. 기업가1과 기업가2는 사실 따지고 보면 두 단어 모두 같은 영어를 사용한다.

영어로 'entrepreneur'는 1437년에 처음으로 사전에 수록되었다. "적극적이고 무엇인가를 성취하는 사람(a person who is active and achieves something)"의 의미다. 'entreprendre'라는 불어 동사에서 유래한 말로, 그 뜻은 "무엇인가를 수행하다(to undertake something)"의 의미를 갖는다. 두 개의 단어가 모두 처음에는 어원에 가까운 단어였지만, 현재는 기업가1企業家이 회사 경영자 이미지로 국한되었고 언제부터인가 기업가2起業家가 무엇인가를 '시도하고 성취하는' 본래의 어원에 가깝게 사용되고 있다.

즉 기업가는 본래 적극적으로 시도하고, 수행하고, 성취하는 사람이다. 앞서 사례로 든 기업가정신을 갖춘 그들을 지금 우리가 살피고 있는 '기업가起業家'라고 부를 수 있지 않을까. 다음의 박스에서 적절한 단어를 찾아, 연결하여 자기만의 방식으로 문장을 완성해보자.

"기업가起業家란, _____

기회, 실패, 아이디어, 도전, 사업, 위험, 혁신, 가능성, 시장, 창조, 개선, 가치, 창출, 개인, 기업, 조직, 사회, 실행, 시도, 성취, 설계, 실현, 고객, 서비스, 상품⋯

FUTURE ・・・・・・ + ・・・・・・ TALENT

기업가정신은
인생을 바꾼다

　　　　기업가정신을 가진 사람과 그렇지 않은 사람은 어떻게 다를까. 한 사람이 기업가정신을 갖추었다 그렇지 않다를 구분하는 것은 쉽지 않다. 다만, 그 사람이 교육과정의 일부로 기업가정신 교육을 받았는지 여부를 통해 그 효과를 살펴볼 수 있다. 애리조나대학에서 연구한 자료가 있다.

"80퍼센트 / 27.2퍼센트 vs 9퍼센트 / x 5 / x 3 / 22.7퍼센트 vs 14.7퍼센트 / 28만불 vs 17만불"

무슨 수수께끼 같은 숫자들이다. 1985년부터 1998년 사이에 대학교 비즈니스스쿨을 졸업한 학생 2,014명을 대상으로 16년 이후 그들이 어떻게 활동하고 있는지를 조사해보았다. 현재 기업 활동을 하는 기업가 중 약 80퍼센트 이상이 기업가정신교육을 받은 경험이 있었다. 기업가정신 교육을 받은 졸업자의 27.2퍼센트는 졸업후 본인의 비즈니스를 수행하는 데 반해 교육받지 않은 사람이 비즈니스를 하는 경우는 9퍼센트 정도로 나타났다. 기업가정신 교육을 받은 기업가의 경우는 그렇지 않은 비교대상군보다 5배 이상의 높은 매출 신장률을 보였다. 학창 시절 기업가교육을 받았던 기업가의 기업은 비교 기업군보다 3배 이상의 신제품 개발력을 보였다. 기업가교육을 받았던 기업가는 첨단 기술 기반 사업에 종사하는 비율이 22.7퍼센트로 비교군의 14.7퍼센트보다 현저히 높았다. 그리고 기업가교육을 받았던 기업가의 평균 보유 자산규모는 약 28만 불(비교대상 약 17만불)로 62퍼센트 이상 높은 수준을 보이며, 27퍼센트 높은 연간 소득을 실현하고 있었다.(김용태, 〈기업가정신의 이해〉 참조)

이외에도 다양한 문헌과 글로벌 리포트를 통해 기업가정신 교육의 효과를 확인할 수 있다. 공통되는 내용은 기업가정신 교육을 받은 학생들이 창업에 나서거나 더 혁신적이고 성공적인 기업 활동을 했고, 취업시장에서도 더 나은 직업과 더 높은 소득을 기록했으며, 실업을 겪을 가능성이 낮았다. 기업가정신 교육은 학생뿐만 아니라 교육기관과 경제 및 사회 전반에도 긍정적인 영향을 미친다는 점이다. 기업가정신 교육에 앞장서고 있는 카프만 재단Kauffman Foundation은 기업가정신 교육의 중요성을 강조한다.

"우리의 궁극적인 목적은 대학에 입학하는 학생들에게, 어떤 분야를 전공하든지 관계없이, 기업가정신과 관련된 좋은 교육을 받게 하는 것이다. 물론 모든 학생이 기업가가 될 필요는 없다. 그러나 우리는 적어도 모든 학생이 우리 사회와 경제에 중요한 영향을 미치는 기업가정신을 이해하고, 그들의 삶에 어느 시점일지는 모르나 향후 창업의 과정을 정확히 이해하고, 스스로 기업가정신을 활용할 수 있는 시점이 올 것이라고 믿고 있다. 여러분이 살고 있는 지금 이 시대는 결코 정체되지 않으며, 항상 재창조되고 혁신되고 있다. 그것이 곧 기업가정신을 배워야 하는 이유이다. 기업가정신은 세상을 새롭게 혁신하는 가장 훌륭한 방법이다."

기업가정신 트렌드 리포트

기업가정신 교육은 청소년교육, 대학생교육, 성인대상 평생교육 등으로 구분될 수 있다. 그 시작점이 바로 청소년 시기이기에, 이 시기의 교육이 대학생 시기와 그 이후 시기와 무관하지 않음을 알 수 있다. 한국청소년정책연구원 자료를 토대로 청소년의 기업가정신 교육 관련 조사 내용을 살펴보았다. 청소년의 49.5퍼센트는 기업가정신을 전혀 모른다고 답했다. 33.7퍼센트는 들어본 적은 있다고 답했다. 내용은 모르고 그저 용어를 들어본 적이 있는 것으로 이해한다면, 청소년의 80퍼센트 이상은 기업가정신을 모른다. 어쩌면 당연하다. 청소년들에게 기업가정신 교육을 받은 적이 있는지 물어본 설문에 88.3퍼센트가 기업가정신 교육 경험이 없다고 답했다. 기업가정신 교육의 경험이 많지는 않지만, 그래도 필요성에 대한 질문에는 76.2퍼센트가 필요하다고 답했다. 물론 23.8퍼센트는 그런 교육이 필요 없다고 솔직히 답했다. 교육이 필요하다고 답한 청소년들에게 그 이유를 물어보니 21.7퍼센트는 자신의 미래가치를 높일 수 있기 때문이라고 답했고, 41.1퍼센트는 진로나 직업을 선택할 때 도움을 받을 수 있을 것 같다고 답했다. 10.1퍼센트는 나중에 기업을 운영하게 되면 도움이 될 것 같다고 답했고, 24퍼센트는 도전의식과 창의력을 높일 수 있을 것 같아서 필요하다고 답했다. 심지어 기업가정신 교육을 언제 받는 것이 가장 좋은지 물어보는 설문에 20.5퍼센트가 초등학교 고학년 시기라고 답했고, 43.7퍼센트는 중학교 시기가 최적이라고 답했다. 고등학교 시기라고 답한 청소년은 24퍼센트였다. 이런 청소년들에게 미래 직업을 선택할 때 창업을 할 생각이 있는지 물어보니, 42.7퍼센트는 긍정적인 답변을 했고, 57.3퍼센트는 부정적인 답변을 했다. 창업 의향이 있다고 답한 청소년들에게 추가질문을 했다. 창업을 생각하는 이유가 무엇이냐는 질문에 무려 61.2퍼센트가 "내가 하고 싶은 것을 할 수 있어서"라고 답했다.

대학생들은 과연 어떤 대답을 했을까. 한국무역협회 국제무역연구원의 보고서를 살펴보았다. 이 보고서는 한국, 중국, 일본의 대학생들의 창업에 대한 인식을 조사한 것이다. 자료를 보니 창업선호도에서 한국 학생은 6.1퍼센트, 중국은 40.8퍼센트가 창업에 대해 긍정적 반응을 보였다. 청소년 시기에 창업에 대한 인식이 대학생이 되어 오히려 후퇴한 것으로 보인다. 특히 창업에 대한 관심 요인에서 중국, 일본 대학생들보다 3배 이상 높은 비율로 '취업이 어려워서'라는 항목에 체크하였다. 창업의 장애 요인을 물어보는 질문에는 중국 대학생이 창업 아이템 문제에 주목한 반면 한국의 대학생들은 실패에 대한 위험부담에 주목하고 있었다. 한편 창업 희망 업종에 대한 조사에서는 한국 대학생은 요식업 분야가 독보적으로 높았다. 반면 중국은 IT분야가 우세하였고, 일본은 문화·예술·스포츠 분야를 가장 희망하였다.

한국청년기업가정신재단에서 발행한 2015 글로벌 기업가정신 트렌드 리포트 요약 보고서를 살펴보면 독특한 점이 있다. 한국, 일본, 영국, 독일, 미국, 중국, 인도, 브라질, 남아공, 싱가포르와 비교하여 기업가정신 교육의 도움 정도를 확인한 결과 청소년, 대학생, 성인의 분포곡선이 거의 비슷하다. 우리나라는 글로벌 평균치보다 낮고, 일본과 함께 최하위를 다투고 있었다. 이러한 곡선 분포는 나머지 대부분의 조사 주제에서도 동일하게 나타났다. 개인 차원의 기업가정신, 조직 차원의 기업가정신도 일본과 최하위군을 형성하였다. 창업의 동기에 대한 조사결과에서는 예상했던 것과 같이 기회형 창업은 최하위이고, 생계형 창업 분포는 최상위였다.

정리해 보면, 창업의 경험, 창업 의향, 개인 차원의 기업가정신, 조직 차원의 기업가정신이 모두 글로벌 평균보다 낮다.

창업 경험	창업 의향	개인차원의 기업가정신	조직차원의 기업가정신	기업가정신 생태계지수
25.8%	**46.5점**	**63.3점**	**58.2점**	**65.4점**
글로벌 27.6%	글로벌 51.1%	글로벌 68.2%	글로벌 64.2%	글로벌 76.5%

이러한 총체적인 문제는 바로 기업가정신의 교육에서 찾아볼 수 있다. 교육의 경험과 교육의 도움 정도가 낮다 보니, 자연스럽게 이런 결과로 이어지는 것이다.

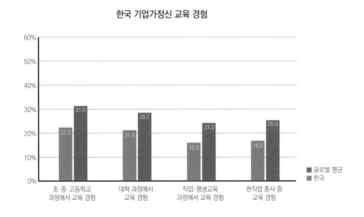

한국 기업가정신 교육 경험

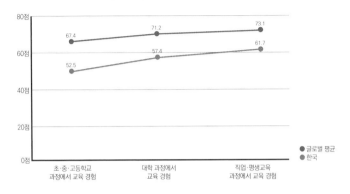

한국 기업가정신 교육 도움 정도

● 글로벌 평균
● 한국

기업가정신과 관련하여, 새로운 용어가 하나 등장하는 것을 알수 있다. 바로 '기업가정신 생태계지수'이다. 창업환경을 만드는 기업가정신의 관련 요소 총체를 지수로 평가하는 것을 말한다. 항목으로는 기업가정신 교육, 법과 제도, 시장환경, 금융환경, 창업 인프라, 문화 등이다. 한번 각자가 생각하고 체감하는 기업가정신 생태계 항목별 주관적 점수를 표시해보자. 항목 자체를 인지하는 것으로도 기업가정신을 현실적으로 이해하는 데 도움이 될 것이다.

[기업가정신 생태계. 기업가정신 트렌드 리포트. 참조]

구성요소	조사항목
구성요소	1)초·중·고등학교 과정 기업가정신 교육 경험
	2)대학 과정 기업가정신·창업 교육 경험
	3)직업교육/평생교육 과정 기업가정신·창업 교육 경험
	4)현 직업 종사 중 창업 관련 교육 경험
법·제도적 환경	1)회사 설립 및 창업 용이성
	2)사업체 운영에 따른 세금 규모 적절성
	3)정부 창업지원 프로그램의 도움 정도

시장환경	1)창업 후 생존 용이성
	2)정부 독과점 및 담합 규제 효용성
	3)해외시장 진출 용이성
	4)정부 해외진출 프로그램 도움 정도
금융환경	1)벤처캐피탈, 엔젤투자자 등으로부터의 투자 용이성
	2)창업 후 주식시장 상장, M&A 등을 통한 투자금 회수 용이성
	3)정부지원금을 통한 창업자금 조달의 용이성
창업인프라	1)창업보육센터 입주 용이성
	2)창업보육센터 입주 도움 정도
	3)기술 이전 용이성
문화	1)직업 전환 시, 고용주 희망 비율
	2)사회적 위험으로부터 보호를 위한 제도적 장치 구축 정도
	3)정부 관리나 공무원들의 관료주의 정도
	4)창업지원 공무원들의 업무 능력
	5)창업지원 공무원들의 친절성

이스라엘을 일으킨 후츠파 정신처럼

나스닥에서 미국을 제외한 전 세계 상장기업의 40퍼센트를 차지하는 나라가 있다. 바로 이스라엘이다. 이는 유럽 전체보다도 많은 숫자라고 한다. 이스라엘은 국가 전체가 첨단 기술의 거점으로 근로자 1만 명당 엔지니어 수가 140명으로 미국의 두 배이며 세계 1위 수준이다. 이스라엘 엔지니어 한 명이 창출하는 수익이 한 해 50~60만 달러나 된다. 세계 IT의 중심국가라는 명성답게 세계 100대 하이테크기업의 75퍼센트가 연구소 또는 생산기지를 이스라엘에 두고 있다. 인프라가 잘 갖춰진 덕분인지 인구 770만 명 정도로 작은 나라이지만 유럽 전체보다도 많은 창업이 이뤄지고 있어

'창업국가'라고 불린다. 그 비밀은 어디에 있을까?

정보통신산업진흥원 윤종록 소장은 저서 《후츠파로 일어서라》에서 창업국가 이스라엘의 비밀이 '후츠파' 정신에 있다고 밝힌다. 후츠파 정신(당돌함, 뻔뻔함, 용기, 도전 등을 뜻하는 히브리어)은 이스라엘의 국민정신으로 하나의 문화가 되었다. 특유의 도전정신을 일컫는데, 가정교육에서 학교, 회사, 사회 전반에 퍼져 이스라엘의 대표적교육 개념으로 자리 잡았다. 후츠파 정신은 이스라엘 창업정신의뿌리로 여겨지고 있다.

2013년 자료에 따르면, 이스라엘에는 스타트업 1,032개가 있다.또한 2009년 자료에 따르면, 이스라엘 국민 한 사람이 얻는 벤처자금은 미국인의 2.5배, 유럽인의 30배, 인도인의 80배, 중국인의300배이다. 이스라엘에는 세계 벤처 투자금의 35퍼센트가 몰린다.세계 기업가와 투자가들은 후츠파 정신 때문에 이스라엘이 지식 기반 산업에서 우위에 있다고 분석한다.

1) Informality, 형식타파

2) Questioning Authority, 질문의 권리

3) Mashing up, 섞임, 어울림

4) Risk taking, 위험감수

5) Mission Orientation, 목표지향

6) Tenacity, 끈질김

7) Learning from failure, 실패로부터의 교훈

후츠파 정신의 7가지 구성요소이다. 그야말로 '정신'을 만들어내는 핵심요소이다. 수많은 사람들과 함께하는 기업이나 사회생활에서 모두가 기본적으로 지켜야 할 그라운드 룰Ground Rule은 공유하면서, 그 외의 허례허식이나 겉치레 같은 체면은 타파한다. 다른 사람에게 의문이 생기거나 이해가 안 되면 누구에게든지 주저하지 않고 질문한다. 어느 곳에 있든 어떤 사람과도 잘 어울리고 섞인다. 흩어져 살아야 했던 이스라엘 민족은 현지에 적응하기 위해 어울림이 체질화되었다고 한다. 실패를 두려워하지 않고 감수하며 불확실한 일과 사업에 과감히 뛰어든다. 새로운 목표를 수립하고, 지혜와 전략을 기반으로 한 철저한 실행으로 원하는 것을 얻는다. 이루기 어렵거나 불가능이란 없다고 확신하고 목표를 향해 결단하고 도전한다. 어떤 난관이나 어려움에도 불구하고 끈질기게 이겨낸다. 최선을 다했지만 실패를 하게 되면 거기서 얻은 교훈이나 경험을 바탕으로 다시 도전한다. 후츠파 정신의 7가지 요소들을 살펴보면 현재 이스라엘이 이룩한 결과가 충분히 수긍된다.

능력의 차이는 5배의 격차를 만들지만 의식의 차이는 100배의 격차를 만들어낸다는 말이 실감난다. 후츠파 정신은 기업가정신과 일맥상통한다. 기업가정신 또한 새로운 변화를 관찰하여 기회를 찾고 도전하는 것으로 우리가 몸과 마음으로 깊이 받아들여야 하는

정신이다.

이제 7가지 구성요소의 내용을 이해하였으니 아래의 그래프에 자신의 후츠파 정신 7가지 요소를 자가 평가하여 막대그래프를 그려보자.

	형식타파	질문권리	어울림	위험감수	목표지향	끈질김	실패교훈
10							
9							
8							
7							
6							
5							
4							
3							
2							
1							

키워드로 보는
기업가정신

　　　　　　여전히 기업가정신이 막연하게 느껴질지
도 모르겠다. 손에 잡힐 듯하면서도 모호한 기업가정신의 개념을
확실하게 내 것으로 만들기 위해서 구체적인 특징이나 태도, 의식
을 찾아보자. 먼저 행동 특성을 살펴보면 그러한 행동에 필요한 내
면의 태도를 찾을 수 있다. 기업가정신의 행동 특성들을 모아보면
아래와 같다. 기업가정신의 특징 언어에서, 행동언어를 먼저 도출
하고 이들을 6개의 진행단계별로 분류해 보았다.

　행동 특성들을 A. 꿈꾸는 단계 → B. 기회포착 단계 → C. 도전

단계 → D. 창조 단계 → E. 사업화 단계 → F. 극복성취 단계의 순
으로 아래와 같이 나눌 수 있다.

기업가정신 특징 언어	기업가정신 행동 언어
끊임없이 시도하다 / 시장과 고객을 관찰하다 / 기존의 것을 개선하다 / 기획을 포착하다 / 변화를 주도하다 / 가능성을 찾아내다 / 실패를 무릅쓰다 / 아이디어를 발상하다 / 사업을 일으키다 / 창조적인 아이디어 / 구체적인 상품과 서비스 / 개인의 삶 / 조직의 문화 / 사회에 기여하다 / 도전하는 정신 / 혁신하는 마인드 / 사업화하다	현실에 안주하지 않는다 / 새로운 것을 동경하다 / 모험을 꿈꾼다 / 세상을 관찰하다 / 시장을 주목하다 / 변화를 읽어내다 / 기회를 포착하다 / 패를 두려워하지 않는다 / 위험을 감수하다 / 과감하게 도전하다 / 분야를 개척하다 / 기존의 것을 개선하다 / 다른 것으로 교체하다 / 새로운 것을 창조하다 / 창조적으로 파괴하다 / 창의적 아이디어를 발상하다 / 사업모델을 만들다 / 사업을 구체화하다 / 시장을 혁신하다 / 실패를 통해 교훈을 얻다 / 반드시 극복하다 / 반드시 성취하다

A단계. 현실에 안주하지 않는다 / 새로운 것을 동경하다 / 모험을 꿈꾸다
→ 모험정신, 탐험정신

B단계. 세상을 관찰하다 / 시장을 주목하다 / 변화를 읽어내다 / 기회를
포착하다 → 관찰력, 진취성(기회포착)

C단계. 실패를 두려워하지 않는다 / 위험을 감수하다 / 과감하게 도전하
다 / 분야를 개척하다 → 위험감수성, 도전정신, 개척정신

D단계. 기존의 것을 개선하다 / 다른 것으로 교체하다 / 새로운 것을 창조
하다 / 창조적으로 파괴하다 → 주인의식

E단계. 창의적 아이디어를 발상하다 / 사업모델을 만들다 / 사업을 구체
화하다 / 시장을 혁신하다 → 창의적 아이디어, 혁신성

F단계. 실패를 통해 교훈을 얻다 / 반드시 극복하다 / 반드시 성취하다 →

극복정신, 역경극복, 책임감

기업가정신 체크리스트

- 혁신성 : 성공적인 기업가는 창조적 파괴를 통해 늘 변화한다.
- 진취성 : 성공적인 기업가는 새로운 기회를 한 발 앞서 포착한다.
- 위험감수성 : 성공적인 기업가는 위험을 예측하고 통제한다.
- 도전정신 : 성공적인 기업가는 포기하지 않고 끊임없이 도전한다.

기업가정신은 시대에 따라, 상황에 따라, 필요에 따라 구성요소에 차이가 있어왔다. 다소 관념적이고 추상적인데 기업가정신이 현실에서 이루어지는 모습은 무엇일까? 대체로 '기업가정신' 하면 창업을 쉽게 떠올릴 것이다. 실제 창업 교육을 할 때 가장 기본적인 교육으로 기업가정신이 포함되어 있다.

아래는 창업자의 자질을 분석할 수 있는 체크리스트이다. 각 항목을 통해 개성, 열의, 결단력, 책임감, 인내력, 계획능력, 리더십, 진취성, 비판수용도, 학습능력, 근면성 등 창업자에게 필요한 10가지 특성을 측정할 수 있다. 단순히 확인하는 데서 끝내는 것이 아니라 결과를 통해 단점을 보완하고 장점을 살리도록 노력하는 것이 중요하다.

각 항목별로 3(그렇다), 2(보통이다), 1(그렇지 않다)로 점수를 적은 후 합산하여 평가 결과와 비교해 본다.

※측정 방법: 각 항목을 읽고 서술 내용과 나의 행동이 얼마만큼 일치하는지 해당 점수에 표기한다.

1. 다른 사람과의 경쟁 속에서 희열을 느낀다. (　　　)

2. 보상이 없어도 경쟁이 즐겁다. (　　　)

3. 신중히 경쟁하지만 때로는 허세를 부린다. (　　　)

4. 앞날을 생각해 위험을 각오한다. (　　　)

5. 업무를 잘 처리해 확실한 성취감을 맛본다. (　　　)

6. 일단 하기로 결심한 일이면 뭐든 최고가 되고 싶다. (　　　)

7. 전통에 연연하긴 싫다. (　　　)

8. 일단 일을 시작하고 나중에 상의하곤 한다. (　　　)

9. 칭찬을 받기 위해서가 아니라 업무 자체를 중요하게 생각한다. (　　　)

10. 남의 의견에 연연하지 않고 내 스타일대로 한다. (　　　)

11. 나의 잘못이나 패배를 잘 인정하지 않는다. (　　　)

12. 남의 말에 의존하지 않는다. (　　　)

13. 웬만해서는 좌절하지 않는다. (　　　)

14. 문제가 발생했을 때 직접 해결책을 모색한다. (　　　)

15. 호기심이 강하다. (　　　)

16. 남이 간섭하는 것을 못 참는다. (　　　)

17. 타인의 명령을 듣기 싫어한다. (   )

18. 비판을 받고도 참을 수 있다. (   )

19. 일이 완성되는 것을 보겠다고 고집한다. (   )

20. 동료나 부하들이 나처럼 열심히 일하기를 바란다. (   )

21. 사업에 관한 지식을 넓히기 위해 독서를 한다. (   )

※**평가 방법:** 각 항목의 점수를 합계해 총점을 낸다.

- 63점 : 당신은 창업하기 위해 태어난 사람! 창업자로서 자질이 완벽합니다.

- 52~62점 사이 : 창업자로서 우수한 자질을 가지고 계시군요.

- 42~51점 사이 : 창업과 관련된 적성은 아닙니다.

- 41점 이하 : 창업자로서 자질이 매우 부족합니다.

내 인생의 기업가정신 흔적을 찾다

기업가정신은 외부환경 변화에 민감하게 대응하면서 항상 기회를 추구하고, 그 기회를 잡기 위해 혁신적인 사고와 행동을 하고, 그로 인해 시장에 새로운 가치를 창조하고자 하는 생각과 의지라고 했다. 어쩌면 우리는 이미 어린 시절부터 나름의 소소한 기업가정신을 경험하고 성장했을지도 모른다. 비즈니스모델의 사업화를 배제한다면 충분히 과거의 기억 속에서 기업가정신을 찾을 수 있을 것이다. 다시 말해, 우리의 성장기에 / 기존의 것에 안주하지 않고

/ 변화를 기회로 포착하여 / 새로운 사고와 행동을 통해 / 새로운 가치, 교훈, 성장의 계기를 만들었던 기억을 찾아보는 것이다. 쉽게 말하면 위험이나 주변의 반대에도 불구하고, 새로운 변화를 위해 용기 있게 도전했던 특정 시기의 경험, 사건, 그때의 생각, 이후의 과정과 결과를 아래에 기록해보자.

언제	어디서	무엇을	어떻게	왜	그 이후
예)2002	대구	학원을 오픈	모두의 반대	새로운 교육 모델을 실험 하고 싶어서	사회적 기업 의 역량 키움

그럼 이번에는 현재의 상황에서 새롭게 도전하고 시도하고 싶은 개인적, 조직적, 사회적 혁신에 대한 생각을 기록해보자. 특히 가장 신경을 써야 할 부분은 바로 '왜'이다. 여기에 자신이 현재 포착한 기회를 적는 것이다. 포착한 기회가 없다면, 배웠던 기업가정신을 기초로 변화를 읽고, 기회를 찾아보자.

언제	어디서	무엇을	어떻게	왜	그 이후
예) 2020	미국	대학원	3년을 준비	제2의 도약	미래전문가

4차혁명 시대에 시대정신이라 할 수 있는 기업가정신을 키우기 위해 필요한 역량을 찾고 이를 토대로 자신의 현재 위치와 수준을 진단하며 무엇을 훈련하고 갖추어야 하는지 자기주도적으로 찾아보자. 노력은 배신하지 않는다는 말이 있지만 무턱대고 열심히만 한다고 목표를 달성하지는 못한다. 제대로 된 노력이 필요하다. 자신이 가려는 길에 자신의 부족한 부분은 무엇인지 알아보고 보완한다. 분명 뜻이 있는 곳에 길이 있을 것이다.

원하는 일을 찾을 때
던져야 할 질문들

"이 분야에 얼마나 준비되어 있나요?"

"직업을 통해 어떤 가치를 추구하나요?"

"미래 변화에 따라 해당 분야를 새롭게 혁신할 수 있나요?"

"새로운 분야와 일자리를 주도적으로 창조할 준비가 되어 있나 요?"

가까운 과거까지는 앞의 두 가지 질문만으로도 빛나는 인재였다. 그런데 현재와 미래는 그렇지 않다. 시대의 변화를 관찰하고 그 흐름을 읽어내어 새롭게 개척하는 힘이 필요하다. 솔직히 말하면 세 번째 질문은 대학 벤처 동아리 또는 산학협력팀에서 정부 프로그램과 대기업 프로그램에 입찰할 때 어필할 만한 요소이다. 한마디로 스타트업 창업 프로젝트에 어울리는 질문이다. 같은 맥락으로 네 번째 질문을 살펴보면, 이는 새로운 일자리를 창조해 내는 창직 프로젝트에 어울리는 질문이다. 그런데 우리는 익히 알고 있다. 이미 초중고 공교육에서 비즈쿨 프로그램을 포함하여 다양한 창업, 창직 교육을 이미 시작하였다. 청소년을 위한 창직캠프가 이미 진행 중이다. 이는 어쩔 수 없는 숙명이다. 그래야만 다가오는 변화에 대응할 수 있는 힘을 키우기 때문이다. 어차피 받아들여야 할 미래 변화라면 이 정도 기본기를 준비해야 하지 않을까. 물론 이것이 어떤 기술 또는 기능을 말하는 것은 아니다. 가장 근본적인 정신에 기초한 것이다. 앞에 언급한 4가지 질문에 대해 다음과 같은 답변의 기초를 잡아본다.

"저는 이런 경험을 가지고, 이런 분야에서, 이런 능력으로 준비
 해왔습니다."
"저는 이런 가치와 원칙을 바탕으로, 이런 기업인이 되어, 이렇게
 세상에 기여하겠습니다."
"저는 이런 변화에 대해 이런 아이디어를 바탕으로, 이런 사업을
 해보겠습니다."
"저는 창조적인 안목을 바탕으로, 미래에 이런 직업과 일자리를

창조해내겠습니다."

4가지 답변은 순서대로 '전문가정신, 사회적 기업가정신, 창업가정신, 창직가정신'을 말한다. 이 4가지 정신을 아우르는 것이 기업가정신의 스케일이며, 4가지는 곧 기업가정신의 구성요소이다. 청소년과 대학생, 스타트업 준비생들에게 이 4가지 정신이 준비된다면 앞으로 살아갈 70년 이상을 대비하는 데 도움이 될 것이라 확신한다.

대한민국 1호 창직전문가(Job Creator) 이정원 창직협회 회장에게 질문을 던진 적이 있다. "더 치열해진 미래 경쟁에서 살아남으려면 어떻게 해야 합니까?" 이 심오한 질문에 민망할 정도로 간단한 답변이 돌아왔다. "경쟁을 넘어서는 최고의 방법은 경쟁하지 않는 것입니다." 진리는 단순하다고 했던가. 내내 뇌리에 남을 정도로 울림이 컸다. 남들 하는 거 따라하면서 작은 차이를 만들고 차별화를 쥐어짜느니 차라리 아예 이전에 없던 것을 만들라는 말이다. 하지만 직업을 만들려고 해도, 기본적인 창의적 아이디어 발상의 과정도 거쳐야 하고, 비즈니스모델도 구상해야 한다. 그런 의미에서 창직가정신은 창업가정신을 포함하고 때로는 협력한다. 한편 기존의 분야를 혁신하거나, 새로운 분야를 개척하기 위해서는 해당 분야의 적성에 기초하고, 그 분야에 꼭 필요한 능력들도 꾸준히 갈고 닦아야 한다. 그런 면에서 창업가정신은 전문가정신과 연대한다. 여기에 따뜻한 사회도덕성과 올바른 민주시민성 및 기업의 사회적 책임을 담은 '사회적 기업가정신'까지 가진다면 그야말로 완벽하다. 현재와 미래의 모든 변화에 대응 가능한 이런 기본기의 총합을 무엇이라고 할까. 이미 답은 나와 있다. '기업가정신'이다. 물론 기존의 기업가정신에 대한 개념 정의가 다양하고 지금도 계속 정리되는 과정에 있다. 기업가정신을 단순히 '창업마인드' 정도로 사용하기에는 기업가정신의 깊이와 유연성 측면에서 아쉽다. 그래서 우리는 이 시대에 꼭 필요한 시대정신으로서 기업가정신을 다음과 같이 정의한다.

"기업가정신 = 전문가정신 + 사회적 기업가정신 + 창업가정신 + 창직가정신"

기업가정신에 들어 있는 4가지 요소

이 분야에 얼마나 준비되어 있는가

창의성은 정확성으로부터 시작되고, 융합은 각 분야 전문성을 기반으로 한다. 융합형 인재를 흔히 'T자형 인재'라고 한다. 이는 분야의 깊은 전문성을 기초로 다른 분야와 연결되는 것을 상징한다. 기업가정신의 첫 출발로서 전문가정신은 그런 면에서 중요하다. 문제는 어떻게 전문가정신에 이를 수 있는가이다. 다시 말하면 도대체 무엇을 준비해야 하는가이다. 좀 더 적극적으로 표현하자면, 과연 어떤 순서로 전문가정신에 이를 수 있는지가 중요하다. 질문과 답변 형식으로 표현해보자.

"당신은 이 분야에 얼마나 준비가 되어 있습니까?"
"저는 이런 경험을 가지고, 이런 분야에서, 이런 능력을 준비해왔습니다."

전문가정신을 갖추었는지에 대한 질문에 대해 답변은 3가지 내용을 담고 있다. 키워드로 보자면 경험, 분야, 능력이다. 경험은 성장과정과 준비과정을 포함하며 이는 성장기 '진로적성'에 가깝다. 분야는 '직무적성'에 가깝다. 능력은 '직무수행능력'이다.

직업을 통해 어떤 가치를 추구하는가

기업가정신으로 가기 위해 갖추어야 할 또 하나의 정신은 사회적 기업가정신이다. 욕망만을 좇는 인생이 되지 않으려면 일을 통해 어떤 가치를 추구할 것인지 진지한 질문에 답을 할 수 있어야 한다. 나와 가족, 이웃, 인류가 기뻐할 수 있는 가치에 도전하는 것은 고귀하다.

"당신은 직업을 통해 어떤 가치를 추구합니까?"

"저는 이런 가치와 원칙을 바탕으로, 이런 기업인이 되어, 이렇게
세상에 기여하겠습니다."

워런 버핏과 빌 게이츠가 롤모델이라 추켜세운 인물이 있다. 35
년 동안 남몰래 자그마치 9조원을 기부한 미국의 찰스 피니Charles F.
Feeney다. 그는 넉넉하지 않은 가정환경에서 자랐지만 70년대 초 대
학 친구들과 공항면세점 체인사업을 시작하면서 큰돈을 벌어들이
기 시작했다. 2016년에 마지막 재산인 83억 원도 대학에 기부함으
로써 그야말로 그의 전 재산을 모두 세상에 환원했다. 그는 여전히
임대아파트에 살고 있고, 여행할 때는 버스를 타며 항상 들고 다니
는 비닐 가방에는 책 한 권을 넣고 다닌다. 허름한 식당에서 햄버거
를 주로 먹는 그는 끝까지 자신의 기부를 숨겼기에 빌 게이츠나 워
런 버핏처럼 세상에 기부왕으로 알려지지 않았다. 그가 기부한 어
느 기관에도 그의 이름을 딴 기념관, 비석 같은 것은 없다. 그는 말
한다. "내가 필요 이상의 돈을 모았지요. 돈은 매력적이긴 하지만
한꺼번에 두 켤레의 신발을 신을 수는 없는 것 아닙니까?"
　이 시대를 묵묵히 밝히는 이런 시대적 양심은 도대체 어디서 오
는 것일까. 적어도 한 가지는 분명하다. 어린 시절, 청소년기, 청년
기, 사회초년생을 거치는 생애 전반에 걸쳐 배려와 이타심 등의 인
성과 양심에 따라 용기 있게 행동하는 사회도덕성을 키워오고, 사
회와 시대를 관찰하고 살펴 건강하게 비판하고 참여하여 자신의 역

할을 하는 민주시민성을 차곡차곡 쌓아올린 것이다. 여기에 공정한 경쟁, 정당한 이윤, 투명한 경영 등의 기업윤리를 훈련하고, 나아가서는 기업의 이윤을 세상에 순환시키는 사회적 공헌^{Corporate Social Responsibility}을 내면화한 것이다.

해당 분야를 혁신할 수 있는가

창업가정신, 창직가정신, 기업가정신은 일반적으로 '기업가정신'이라는 용어와 혼용된다. 그런데 교육 현장에서 실제로 진행되는 내용은 대부분 '창업교육'에 대해서다. 현장에서는 기업가정신 교육이라는 제목을 달고서 창업교육을 하고, 창업교육의 내용 상당수는 드론, 3D인쇄 등 흥미로운 실습 교육을 포함하고 있다. 솔직히 말하지만 다음 세대들은 적어도 기술을 받아들이는 것에는 기성세대가 상상할 수 없을 정도로 빠르게 학습한다. 정말 그들에게 필요한 것은 변화를 읽는 힘, 도전하는 정신, 창의적인 사고능력과 같은 내면의 힘이다.

"당신은 미래 변화에 따라 해당 분야를 새롭게 혁신할 수 있습니까?"

"저는 이런 변화에 대해 이런 아이디어를 바탕으로, 이런 사업을 해보겠습니다."

창업가정신을 묻는 질문에 대한 답변 형식을 보니 3가지 키워드가 눈에 들어온다. 변화, 아이디어, 그리고 사업이다. 창업가정신을 훈련하려면 미래 변화와 직업 변화에 대한 관찰력, 기존의 것을 개선하거나 새로운 것을 꺼내는 창의적 아이디어 발상, 그리고 이러한 아이디어를 사업화하기 위한 비즈니스모델 설계능력을 갖추어야 한다.

"저는 이런 변화에 대해"- 변화 관찰 및 기획포착

"이런 아이디어를 바탕으로"- 창의적 아이디어 발상

"이런 사업을 해보겠습니다."- 비즈니스모델

일자리를 창조할 준비가 되어 있는가

일단 먼저 분명하게 짚고 넘어가야 할 것이 있다. 바로 창업과 창직의 개념 차이다. 국가 차원에서 창직 연구를 통해 발간한 보고서에 나름 설명이 들어 있다. 창업은 '창업자가 이익을 얻기 위해 자본을 이용해 사업 아이디어에서 설정한 재화와 서비스를 생산하는 조직 혹은 시스템을 설립하는 행위를 말한다. 한편 창직은 '새로운 직업을 발굴 또는 개발하고 이를 토대로 일자리를 창출하는 활동'이다. 요약해 보자면 창업은 업체를 설립하는 과정과 결과이고, 창직은 일의 내용 그 자체를 새로 만드는 것이다.

창직 전문가에게 더욱 쉽게 설명해달라고 부탁하자 답변은 이랬다. "창업은 기업을 설립하는 것이고, 창직은 직업을 만드는 것이다. 바리스타라는 직업을 국내에 처음 만든 이○○ 씨. 그는 창직을 한 것이다. 그가 카페를 차리면 창업이 된다. 그가 다른 카페에 바리스타로 입사하게 되면 취업이다. 이처럼 창직의 진로는 취업, 창업, 프리랜서, 사회적 활동으로 다양하게 확장될 수 있다. 창직은 나머지를 포함하는 그 이상이다.”

그럼 창직가정신은 무엇을 갖추어야 할까. 물론 창직가정신은 창업가정신과 마찬가지로 미래 시대의 변화와 미래 직업을 관찰하고 통찰하는 부분이 선행되어야 한다. 미래 통찰을 통해서 창직 아이디어가 떠오르고 일자리 창조로 이어지기 때문이다.

“당신은 새로운 분야와 일자리를 주도적으로 창조할 준비가 되어 있습니까?”
“저는 창조적인 안목을 바탕으로, 미래에 이런 직업과 일자리를 창조해내겠습니다.”

모든 노선의 종착지 ‘기업가정신’

위에서 말한 기업가정신의 4가지 요소, 즉 해당 분야의 전문가정신, 사회에 기여하는 사회적 기업가정신, 새로운 사업을 시작하는 창업가정신, 새로운 직업과 일자리를 창조해내는 창직가정신을 모두 갖춘다는 것은 어쩌면 불가능에 가까운 일인지도 모른다. 그러나 이제는 끝없는 변화와 경쟁 속에서 스스로 일의 미래를 창조해야 하는 시대가 왔다. 피터 드러커가 말한 고용사회는 막을 내렸다. 이러한 변화 앞에서 스스로 변화하지 않고 노력하지 않는다면 도태되고 말 것이다.

필요에 따라 부족한 것을 채우고 선택적으로 과정을 찾아 채워나가면서 기업가정신이라는 큰 그림을 그려 나가보자. 전체를 한눈에 볼 수 있게 지하철 노선도로 표현해보았다. 4가지 요소가 지향하는 최종 목적지는 기업가정신이다.

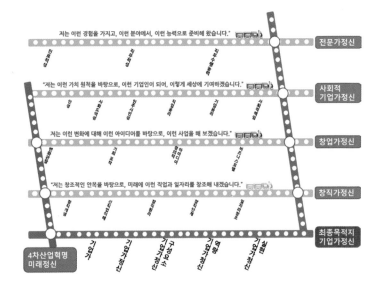

평생 다니려고 했던 직장에서 떠밀리듯 퇴직하고, 남은 평생을 위해 뭔가를 다시 시작해야 할 때, 자신이 생각한 분야의 기존 시장

이 이미 포화상태라면 그래서 용기를 내어 새로운 분야를 시작해야 한다면 기업가정신을 품고 창업과 창직에 도전해야 할 필요가 있다.

〈기업가정신 노선도 TIP〉

1. 기업가정신은 불확실한 미래 앞에 서 있는 우리 모두의 궁극적인 변화 대응력이다.

2. 기업가정신은 4가지 정신을 모두 포함하고 연동할 만한 큰 개념이다.

3. 기업가정신은 자신의 현재 위치를 파악하고, 꼭 필요한 교육을 찾아서 이루어가는 노선도 개념이다.

4. 기업가정신의 대전제는 바로 다가오는 미래와 4차 산업혁명을 읽는 미래 정신이다.

3장

변화 속에서
비즈니스 기회를 찾는 법

FUTURE TALENT

미래에 무슨 일이 일어날지 정확히 알아맞히기는 불가능하다. 그러나 어디로 향하고 있는지 느낄 수는 있다.

-스티브 잡스

일상을 통해
변화를 읽어라

　　당장 눈앞의 문제만 해결하기 위해 산다면 세상에 끌려 다닐 수밖에 없다. 미래를 예측하는 일은 어렵다. 그럼에도 미래 변화를 냉정하게 관찰하고 예측하는 일은 필수불가결하다. 무엇을 어떻게 관찰해야 미래 변화를 알 수 있을까? 멀리서 찾을 필요 없다. 자신을 둘러싼 주변 일상에서 변화를 관찰하는 작은 연습부터 해보라. 이발소를 예로 들어보자. 우리 주변을 보면 독특하게 흰색과 빨강색, 그리고 파랑색 물결이 돌아가는 네온 기둥의 이발소가 드물지만 아직은 남아 있다. 그런데 그 숫자가 눈에 띄게 줄어들고 있다. 지역마다 한 군데 정도 보인다. 번화가 또는 계획형 신도시 등에는 아예 흔적도 보이지 않는다. 이발소가 사라진 자리에는 미용실이 들어섰다. 주변의 미용실 개수를 세어보자. 정말 많을 것이다. 구글 지도로 특정 지역을 검색해 미용실 위치를 확인해보면 그 수를 헤아리기 힘들다. 그래픽뉴스를 찾아 실제 지역별 자영업 분포 중 미용실을 찾아보면 더욱 실감이 난다.

일상에 관심을 가지면 변화의 작은 틈을 볼 수 있게 된다. 의도하지 않았지만 무언가에 집중하는 힘도 생긴다. 변화의 단서를 발견하게 되는 것이다. 단서를 찾는 순간 주변을 찬찬히 살펴본다. 그 작은 변화는 단독으로 일어나지 않는다. 주변의 다양한 변화와 맞물려 있다. 한번 이런 경험을 하게 되면 변화를 보는 시야가 트인다. 그 변화를 만들어낸 커다란 배경, 즉 직업의 생태계를 보는 연습이 시작된 것이다. 특별한 강의를 듣고 배운 게 아니다. 늘 다니던 그 길목과 골목과 모퉁이 길에서 작은 변화를 본 것이다. 이발소에 일어난 변화를 관심 있게 보고, 집중하였으며 결국 무언가를 발견했다. 이후 변화를 이끈 미용실이라는 배경을 보게 되었다. 리서치를 하면서 미용실의 통계, 그리고 더 확장하여 자영업의 통계까지 알아보았다. 일상의 변화 관찰이라는 전 과정을 경험한 것이다. 이는 귀납적인 관찰 방식이다. 일상에 관심을 가지면, 작은 정보에 집중하는 힘이 생기고, 바로 그때 변화를 발견하게 된다. 한 가지 변화를 보면 다른 변화를 보는 시야가 생기고, 그런 변화를 만든 시대의 배경을 읽게 되는 것이다.

　귀납적 미래 관찰 프로세스 = 일상 + 관심 + 집중 + 발견 + 시야 + 배경 + 시대 + 흐름

관찰을 하면 변화가 보인다

　관찰을 하기 전 일단 범위가 필요하다. 관찰의 범위를 일상에서 찾는 것이다. 도시에 구획을 정하고, 가장 일상적인 장소와 블록의 범위를 정하는 것이 필요하다. 그런 다음에는 그 범위 안의 모든 직업 관련 건물과 사업체에 관심을 가져라. 관심을 가지면 관찰이 일어난다. 누군가 좋아하는 사람이 생기면 관심이 집중되고, 그 사람을 끊임없이 관찰하게 되는 원리이다. 그렇게 사업체를 관찰하다가 작은 변화의 가능성을 포착한다. 포착하면 그다음에는 더 자세히 살피는 단계로 들어간다.

　한 가지 변화를 보면 관련된 주변 배경을 볼 수 있다. 이발소를 보고 나면 미용실이 보이는 것과 같은 원리이다. 배경을 분석하고, 그다음에는 리서치에 들어가 실제 숫자와 분포 및 변화의 정보를 탐색하는 것으로 확장한다. 일상을 관찰하는 와중에 당연히 질문이 발생한다. 질문이 없으면 심화단계로 나아갈 수 없다. "왜 이발소는 없어진 것일까?", "왜 미용실은 이렇게 많아진 것일까?" 이러한 질

문에 답을 하려면 더 열심히 관찰하는 수밖에 없다. 미용실뿐 아니라 피부숍, 네일숍, 두피숍, 샴푸숍 등도 추가로 찾아낼 수 있다.

생성되는 것이 있고, 소멸되는 것이 있다. 이러한 변화를 결과로만 보지 않고, 원인과 배경을 찾고 생각을 해야 한다. 변화를 관찰했다면 그 변화의 원인까지 추론해 들어가야 한다. 관찰하는 일과 생각하는 일은 현재의 변화를 통해 새로운 기회를 포착하는 사람들의 공통점이다.

이발소가 문을 닫은 일상의 한 장면으로 시작된 변화 관찰이 어떤 단계를 거쳐 변화의 원리로 도출되었는지 살펴보았다. 자신의 생활공간을 변화의 장으로 삼으면 된다. 평상시 걸어다니거나, 버스를 타고 다니는 동선에 관심을 가져보자. 관심을 가지고 바라보면 일상이 달리 보인다. 그중 대상을 포착하면 그 대상의 작은 변화를 살핀다. 한 가지 대상의 변화를 보는 순간, 그것을 기초로 주변으로 점차 시야를 확대한다. 그러면 좀 더 큰 변화가 보일 것이다. 작은 변화와 영향을 주고받은 주변 배경 맥락을 알게 된다.

또 다른 예를 살펴보자. 서울 중심가를 대상으로 정류장 근처의 가판대를 오랜만에 주목해 보면 놀라운 변화를 보게 될 것이다. 심한 곳은 평균 10개 중 8개의 가판대가 문을 닫은 상태이다. 예전에 버스표를 사고, 껌을 사던 곳 말이다. 무슨 일이 벌어진 것일까. 주변을 살펴보면 답이 나온다. 편의점이 바로 근처에 문을 열었기 때문이다.

1. 범위설정 : 서울 세종대로

2. 주변 관찰 : 거리 풍경을 보면서 걷다.

3. 대상 포착 : 문 닫은 가판대 하나를 보다.

4. 변화 발견 : 300미터 정도 걸었는데, 그사이에 있는 10곳 중 8곳 문을 닫다.

5. 시야 확대 : 가판대를 둘러싼 주변 환경을 살피다.

6. 배경 분석 : 다양한 편의점들이 주변에 많이 들어서 있다.

7. 범위 확장 : 세종대로 전체 30곳 중 14곳이 문을 닫았다. 전국적인 현상이다.

8. 비교 분석 : 한국편의점산업협회 자료를 보니, 국내 편의점 개수는 총 3만 4000여 개

9. 질문 생성 : 편의점은 왜 늘어났을까. 가판대는 왜 문을 닫을까.

10. 변화 과정 : 가판대의 기능을 편의점이 모두 흡수했다.

11. 변화 원인 : 고객은 더 편리하고 더 다양한 물건을 사려 하고, 소액도 카드 지불을 선호한다.

12. 기준(원리) 도출 : 문화 생활방식의 변화

단계를 지나치게 세분화하긴 했지만 이런 과정으로 관찰을 하다 보면 자연스럽게 과정도 단순해진다. 변화를 관찰하는 힘이 변화를 통찰하는 힘으로 발전하기 위해서는 3가지 내공 축적이 필요하다. 하지만 걱정할 필요는 없다. 변화 관찰을 일상화하면 매우 자연스

럽게 통찰력이 생긴다.

통찰력 = In + Sight = 안쪽을 들여다보다.

3가지 내공은 일상의 변화를 찾아내는 힘, 변화의 주변을 둘러보는 힘, 변화의 원인을 분석하는 힘이다. 보이는 것이 전부가 아니라는 말이 있듯 그 이면에 담긴 변화의 원리를 보는 것은 누구나 가능한 일이다. 꾸준히 관찰을 연습한다면 말이다. 관찰이야말로 기업가정신을 키우는 출발점이다.

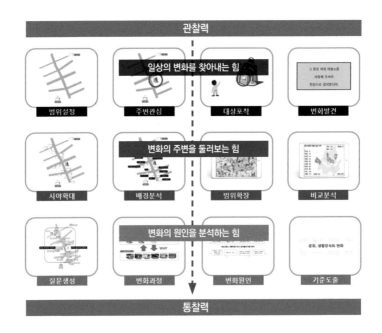

상상은 관찰을 통해 나온다

"은퇴하시고 뭐 하실 생각이세요?"

"작은 가게 하나 창업해야죠 뭐."

"어떤 가게를 생각하세요?"

"뭐 배운 게 없어서… 치킨 가게 하나 하려고요."

보통 이런 답변이 많이 나온다. 그 결과 대한민국의 치킨집은 전세계 맥도날드 매장 수 3만 5429개(2013년 기준)보다도 많은 3만 6000개이다(통계청, 2013년 기준). 누군가 구글 지도에 치킨집을 입력한 결과를 공개하였다. 어마어마한 점이 지도에 찍혔다. 은퇴자들의 준비 안 된 창업을 막기 위해, 기업의 은퇴연구소에서 '창업길라잡이' 프로세스를 만들었다. 은퇴자들이 이를 사용하여 자신의 가능성을 타진해볼 수 있었다. 화살표를 따라가다 보니 결국 다시 '소자본창업'으로 상당수 귀결되었고, 답은 다시 '치킨집'이었다.

'대학생, 청소년 시기부터 새로운 것을 만드는 연습을 하지 않으면 정말 답이 없구나'라는 생각이 들었다. 그래서 대학생들에게 설문을 진행한 적이 있다. 졸업하고 창업을 한다면 어떤 직종을 하고 싶은지 의견을 들어보았다. 먼저 한번 직접 써 보자. 1위부터 3위까지만 써보자.

1. _____

2. _____

3. _____

그 결과, 역시 일반 통계와 크게 다르지 않았다. 한국고용정보원 통계치를 보니, 1위는 커피숍을 포함한 요식업이다. 다음으로 문화 예술 스포츠 등의 분야이다. 그다음은 IT 관련 분야이다. 커피공화 국이라는 말이 있을 정도로 한 집 걸러 커피숍이 있는 상황인데 너 무나 쉽게 커피숍 창업을 희망한다고 답변했다.

〈한국경제신문〉의 뉴스래빗 사이트(newslabit.hankyung.com)에 서 '한국 커피맵'을 찾아보면 2002년부터 15년간 문을 연 서울 카 페 수는 2만 6285개였다. 이 가운데 2017년 현재 운영 중인 카페 는 1만 5184개. 생존율 57.7퍼센트. 나머지 1만 1101곳(42.3퍼센 트) 카페는 소리 소문 없이 사라졌다. 이 통계를 보면 함부로 뛰어 들어서는 안 되겠다는 실감이 날 것이다. 그럼에도 한번 도전해보 겠다는 생각이 들 수도 있다. 그 어떤 생각이든 생각 그 자체는 긍 정적인 반응이다. 자극을 받고, 도전을 느끼는 것이 중요하다. 여기 서 중요한 것은 '관찰한다'는 것이다. 상상한다는 것은 아무것도 없 는 백지를 주는 게 아니라, 자극이 될 만한 입력(In put)이 있어야 가 능하다. 그래서 기존의 것을 충분히 보아야 한다. 바로 그 지점에서 슘페터가 기업가정신을 설명할 때 사용한 '창조적 파괴'가 일어날 수 있다. 창조적 파괴는 '새로운 결합'을 말한다. 새로운 결합의 내용은 기존의 것을 '개선'하거나 새로운 것을 '창조'하는 것이고, 구체적으로는 새로운 기술, 새로운 상품, 새로운 서비스, 혹은 새로운 방식 등이다.

미래를 준비할 때 철저하게 귀납적인 방식을 적용하는 것이 좋다. 미래 환경 변화나 미래에 뜨는 직업과 사라질 직업을 먼저 입력하게 되면 의욕이 꺾이거나 겁부터 먹고 움츠러드는 결과를 초래한다. 오히려 차분하게 자신의 주변부터 관찰하면서 차근차근 현실을 읽고, 경험을 쌓아가면서 변화의 원인, 배경을 지나 원리를 찾아가는 식이 바람직하다.

다시 카페 얘기로 돌아와서, 학생들에게 카페를 직접 발품 팔아 탐방하게 했다. 돌아와서는 각자 자신의 카페 방문기를 전했다. 실제 현장에서 손님이 많은 점포와 그렇지 않은 점포에 대한 관찰 결과를 들어보았다.

"손님이 없는 카페는 일단 사람이 안 다니는 곳에 위치하고 있어요."

"제가 간 곳은 손님이 많은 곳인데, 일단 커피가 맛있어요."

"제가 자주 가는 곳이 있는데, 최근에 사장님이 바뀌면서 쿠폰이 소멸되었어요. 배신감을 느낀 손님들이 발길을 끊은 것 같아요."

"이곳은 잘될 수밖에 없어요. 계절마다 시즌마다 발 빠르게 시즌 메뉴를 새롭게 내놓거든요."

잘 되는 가게와 그렇지 않은 가게는 무슨 차이가 있는 것일까.

"점포의 위치를 잘못 잡은 게 유일한 이유일까. 물론 중요한 요소가 맞긴 하지만, 유일한 이유일까. 혹시 다른 그룹의 학생들 중에 자신이 찾아 본 카페의 위치가 유동인구가 별로 없는데도 손님이 많은 곳은 혹시 없을까?"

이렇게 말하자, 여기저기서 학생들이 손을 들었다. 위치가 외진 곳이고, 큰길가가 아니며, 심지어는 기본 거주자가 많지 않은 곳도 있었다. 그런데 손님이 많다고 한다. 그렇다면 뭔가 다른 이유와 설명도 찾아볼 필요가 있다는 것이다. 사고가 심화되기 시작할 즈음, 발상의 전환을 위해 새로운 자극을 주었다.

"토론의 주제를 하나 줄게. 장사가 안 되는 이유보다는, 장사가 잘되는 비결에 집중하여 토론을 해보자. 이 과정에서 손님이 뜸한 카페 방문기를 가져온 학생의 경험도 충분히 좋은 토론 소재가 될 거야."

그룹별로 토론이 시작되었다. 막연하게 카페를 창업하겠다고 말했던 처음의 모습과는 사뭇 다르다. 뭐랄까. 이전과는 다른 색깔의 열정이 보인다. 정보를 통해 '변화'를 냉정하게 인식하고, 구체적으로 '관찰'함으로써 현실에 구체적으로 들어갔으며, 이제 그 속에서 변화의 '원인'을 찾기 시작한 것이다.

깊게 들여다보면 다른 것이 보인다

포화상태에 이른 수많은 카페들 중에 유독 손님이 많은 카페는 어떤 비결을 가지고 있을까. 대기업 경제연구소 리포트를 읽는 게 아니라 학생들 스스로 현장을 살피고, 그 결과를 바탕으로 동료들과 토론하면서 실마리를 찾아보았다. 이런 과정은 결코 답을 추구하는 게 아니다. 각자 관찰한 결과 나름의 성공 비결을 찾았다.

"대부분의 카페는 자리를 잡고 오랜 시간 그 자리를 독점하며 공부를 하는 이른바 카공족을 싫어합니다. 특히 노트북을 사용하기 위해 콘센트가 있는 자리를 독점하는 거죠. 특히 카페 규모가 크지 않아 회전율이 중요하거나, 본사 직영 프렌차이즈가 아니라 가맹점주가 운영하는 카페인 경우 특히 카공족을 싫어합니다. 심지어는 모든 매장에 콘센트를 막아버린 카페도 있어요. 그런데 몇몇 카페는 오히려 그런 홀대받은 카공족을 주요 고객으로 삼았어요. 여기저기 그런 흔적이 보입니다. 벽을 바라보는 1인 테이블이 많고, 각각 콘센트를 비치해 두었어요. 그리고 아예 "카공족 환영해요"라고 유리문에 써붙인 곳도 있어요. 그런데 오히려 한번 눌러 앉은 학생들이 거기서 커피 먹고, 샌드위치 먹고, 리필하는 등 다양한 '재구매'를 해요. 게다가 입소문을 타고 고정고객이 늘어났어요. 지금은 아예 음악도 '공부를 위한 백색소음' 전용 사운드로 바꾸었어요. 차별화에 완전 성공한 카페입니다."

"우리가 주목한 카페는 매우 외진 곳에 있는데요. 특별한 곳이에요. 각 손님들이 맡기고 간 쿠폰을 최대한 활용하고 있었어요. 그 속에 그 손님이 좋아하는 커피 종류, 커플 기념일 등의 소소한 정보를 입력하게 했어요. 그에 따라 개별 손님에게 맞춤형 이벤트를 해주고, 카페 그 자체를 친밀한 장소로 바꾸었어요."

"우리가 소개할 카페는 커피 맛은 그냥 보통인데요. 케이크와 디저트가 최고예요. 다양한 커피 맛을 섬세하게 구분하는 사람이 많지 않다는 점을 인정하고 오히려 다양한 디저트에 집중한 거죠. 계속 새로운 디저트를 지루하지 않게 출시하여 변화를 만들어내고 있고요."

"이 카페는 커피콩을 굽는 방식이 다른데요. 커피를 좀 아는 고객들이 주로 찾아요. 실제로 먹어보니 좀 다르더라고요. 커피 굽는 기계를 직접 비치해 두고 있고요. 그 향이 밖에서도 나요. 그런 거 있잖아요. 아침 출근길에 빵집 지나갈 때 나는 그 어마어마한 향기 같은 강력함이 있어요. 발길을 머물게 만드는 거죠."

"우리 그룹은 대한민국 전체가 사랑하는 커피 브랜드를 소개할게요. 본고장인 미국을 제외하면 전 세계 매장 매출 최고 순위랍니다. 겨울에 다이어리를 받기 위해 커피를 어마어마하게 먹는 거로 유명하죠. 특히 젊은 여성들이 좋아해요. 맛도 나쁘지 않지만, 그것만으로는 설명하기 어려워요. 뭐랄까. 그 로고가 담긴 텀블러를 쓰고, 에코백을 쓰고, 다이어리를 쓰는 그 자체, 그 문화를 즐기고 뭔가 자신이 브랜딩되는 느낌을 갖는 것 같아요. 누군가는 이걸 보고, 미국에 대한 사대주의라고 하는데, 그런 발상은 젊은 사람을 잘 모르는 거죠. 그냥 좋은 거예요. 애플 아이폰 쓰는 사람들에게 도대체 왜 아이폰을 쓰냐고 했더니 답변이 "아이폰이니까"라고 했다잖아요."

메뉴, 맛, 기술, 서비스, 인테리어, 운영방식, 문화 등 다양한 원인들이 쏟아졌다. 성공하는 점포의 비결을 찾아보니 손님이 끊긴 카페가 갖고 있지 않은 것들이 무엇인지 자연스럽게 확인된다. 그럼 한번 간단하게 자신이 즐겨 가는 카페의 차별화 포인트를 2개정도 적어 보자. 카페 이름도 적고, 특징도 적어보자.

1._____ : _____

2._____ : _____

변화를 관찰하면, 무엇인가 작은 것이라도 보이기 시작한다. 그런데 한 번 보기 시작하면 계속 보인다. 공통점들이 보이고, 차별화되는 특징이 보인다. 잘되는 방법이 보이고, 안 되는 이유가 보인다. 일상에서 변화를 관찰하고, 그 속에서 기회를 찾아가는 방법을 확인할 수 있다.

부정적 관점은 기회를 가린다

주변에 혹시 매사 불평과 불만이 많은 사람을 본 적이 있는가. 그들은 매우 성실하게 불평한다. 일관된 태도로 불평의 언어를 쏟아낸다. 그냥 넘어갈 것도 짜증과 원망을 토해낸다. 어찌 보면 참 예민하고 섬세한 사람들이다. 그들도 관찰을 한다. 그런데 부정적인 것만 본다. 더 정확하게 말하면 부정적인 것을 찾는 게 아니라, 모든 관찰의 내용을 부정적으로 해석하는 것이다.

변화를 관찰하되 긍정의 눈으로 볼 수 있어야 기회를 포착한다. 같은 영상을 보더라도 해석은 완전히 달라진다. 한번은 학생들에게 미래에 교육은 어떻게 바뀔지를 내용으로 하는 영상을 보여준 적이 있다. 현재도 코세라(www.coursera.org)와 같은 대규모 무료 온라인 교육이 활성화되어 있다. 앞으로는 검색로봇이 모든 정보를 공짜로 제공할 것이고, 구글 안경이 음성 검색 서비스를 제공해 현재의 교사를 대체할지 모른다.

영상을 본 후 일부 학생들은 기존의 직업이 사라진다는 우려를 표한 반면, 일부 학생들은 기술 변화를 통해 일어나는 직업 세계의 변화를 보다 넓은 시각에서 보아야 한다며 목소리를 높였다. 기술이 발달했다고 교사가 사라지는 것이 아니라 교사 1명당 학생 수를 줄여 더 수준 높은 코칭과 교육을 진행할 수도 있고, 오프라인 교사, 원격교육 교사, 관리교사 등 교사의 종류를 더 세분화할 수도

104

있어 일자리 창출이 될 수도 있다고 해석했다.

근거 없는 낙관도 위험하지만 세상사를 부정적 관점으로 바라보고 해석하다 보면 기회를 놓치게 된다. 지금 당연한 것, 익숙한 것을 부정하면서 새로운 것을 발견해내려면 긍정적 관점을 갖는 것이 우선이다.

FUTURE · · · + · · · TALENT

당연한 것을
'다르게' 보기

관찰이 중요하지만, 관찰을 제대로 해야 한다. 적어도 직업의 변화를 보는 관찰의 연습은 어느 정도 방법을 터득했을 것이다. 그런데 직업에 국한하지 않고, 우리 삶의 모든 요소가 창업의 아이디어 소재라면, 관찰의 방법에 대해 새로운 접근을 익혀야 한다. 관찰한 내용에서 아이디어를 꺼내기 위해 꼭 필요한 요소가 있다. 그것은 바로 '창의력'이다. 일상에서 직업의 변화를 관찰하는 것은 달라진 점을 있는 그대로 관찰하는 것이지만, 일상의 모든 것을 창의력에 기초하여 바라보고 아이디어를 꺼내는 것은 다른 내적 에너지가 필요하다.

창의력이라고 하면 일단 어렵게 생각하는 이들이 많다. 뭔가 대단한 사람들이 할 수 있는 일이라는 인식이 깔려 있다. 창의력은 다르게 생각하는 것이다. 이전에 없던 것을 생각하는 힘이다. 창의력이 있는 사람들의 특징에 대해 학생들이 직접 꺼낸 의견을 살펴보자.

- 독특하다. 독창적이다. 남과 다르다.
- 무리의 의견에 휩쓸리지 않고 스스로 판단한다.
- 새로운 것을 시도하기를 두려워하지 않는다. 실패를 극복하고자 한다.
- 놀이와 게임을 좋아한다. 순수하다.
- 질문을 즐긴다. 실험을 즐긴다.
- 새로운 문제, 복잡하게 얽힌 문제를 즐긴다.
- 새로운 아이디어에 개방적이다.
- 아름다움을 추구한다.
- 내성적이다. 자기성찰이 강하다.
- 관찰을 잘 한다. 감각 기능이 뛰어나다.
- 가상의 것을 잘 떠올린다.

각각의 특징을 간단한 단어로 표현해보면, 독창성, 독립심, 모험심, 유머감각, 문제의식, 도전의식, 개방성, 예술성, 성찰력, 감지력, 상상력이 된다. 이를 담아서 간단한 체크리스트를 만들어보았다. 주관적으로 자신의 창의력 특징에 대해 10점 척도로 체크하고 막대그래프를 그려보자.

10											
9											
8											
7											
6											
5											
4											
3											
2											
1											
	독창성	독립성	모험심	유머감각	문제의식	도전의식	개방성	예술성	성찰력	감지력	상상력

창의적 사고는 필수

인공지능과 로봇과 일자리를 놓고 인간이 경쟁해야 하는 시대는 엄청난 변화가 불가피하다. 역사를 돌이켜보면 과거 농업혁명, 산업혁명 등 폭발적인 변화 속에서 살아남은 사람은 신체적 능력이 뛰어난 사람이 아니다. 유연한 사고로 끊임없이 호기심을 가진 사람들이다. 지금 4차 산업혁명을 앞두고도 우리에게 필요한 것은 마찬가지다. 일찍이 인류가 경험해보지 않은 로봇과 인공지능 시대에 직면할 수밖에 없는 문제를 해결하기 위해서 창의적 사고는 필수다.

창의적 사고

독창성: 남들이 흔히 만드는 것이 아닌 기발하고 독특한 것, 즉 자기 혼자만의 특이한 아이디어를 생각해낼 수 있는 능력

이해력: 문제가 요구하는 바를 정확하게 파악하는 능력

적합성: 특정한 주제나 상황 속에서 창의적 활동으로서의 가능성을 찾아내는 능력

융통성: 문제를 다른 각도에서 접근할 수 있으며, 자신의 사고를 전환시킬 수 있는 능력

유창성: 특정한 주제에 대하여 다양한 아이디어를 생각해내는 능력

정교성: 세밀한 부분까지 고려하여 이를 표현할 수 있는 능력

통합력: 각각의 부분을 통해 하나의 결과로 묶어내는 능력

판단력: 문제해결의 방향 및 적절함을 스스로 판단할 수 있는 능력

창의적 태도

호기심: 주변의 것에 대하여 궁금한 마음을 갖고 이를 알고 싶어 하는 자세

자발성: 문제 상황이 발생할 경우 스스로 문제를 해결하려고 시작하는 자세

모험심: 고정관념이나 일정한 틀에서 벗어나는 것을 꺼리지 않고 새로운 접근을 시도하려는 자세

독립성: 타인과 다른 생각을 가지고 있을 경우, 소외되는 것을 두려워하지 않고 자신의 의사에 따라 행동하는 자세

집착성: 복잡하거나 어려운 문제가 있을 때 이를 해결하기 위하여 자신의 관심을 집중시키려 하는 자세

인내심: 자신에게 만족스럽거나 문제해결에 적절한 해답이 나올 때까지 지속적인 관심을 갖고자 하는 자세

긍정적 사고(긍정성): 자신은 물론 타인의 창의적 사고가 긍정적인 결과로 이어질 수 있다고 믿는 자세

판단의 보류(신중함): 자신의 해결 방향이 적합한지, 더 좋은 아이디어가 있는지를 다시 한 번 생각해보려는 자세

그럼 간단하게 자신의 창의적 사고와 창의적 태도를 주관적으로 평가하여 10점 척도로 막대그래프를 그려보자. 가장 높은 것은 무엇이고, 가장 낮은 것은 무엇인지 생각해보자.

창의적 사고 기능을 훈련할 때 일반적으로 사용하는 항목은 크게 6가지이다. 상상력, 유창성, 융통성, 독창성, 정교성, 민감성이다. 그럼 각각의 창의적 사고 기능이 세부적으로 어떤 활동 특징이 있는지 살펴보고, 대표적인 활동 실습에 대해 익혀보고 가능하다면 간단하게 답변도 해보자. 이 내용은 '창의적 사고의 요소'라는 연구 자료를 발췌하여 재구성한 것이다.

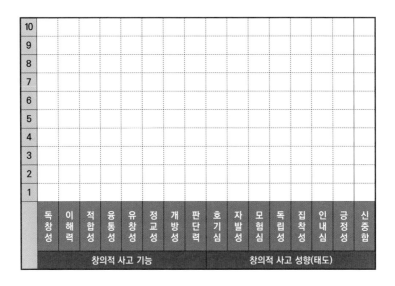

	독창성	이해력	적합성	융통성	유창성	정교성	개방성	판단력	호기심	자발성	모험심	독립성	집착성	인내심	긍정성	신중함
10																
9																
8																
7																
6																
5																
4																
3																
2																
1																
	창의적 사고 기능								창의적 사고 성향(태도)							

상상력: 과거의 경험을 기초로 새로운 표상을 만드는 능력

1. 있는 것을 없는 것처럼 생각하기 •마치 영화처럼 사람들이 다 사라지고 지구상에 홀로 남겨진다면?

2. 없는 것을 있는 것처럼 생각하기 •급격한 기후변화로 새로운 빙하기가 온다면?

3. 입장 바꿔 생각하기 •내가 만약 교육부장관이라면?

4. 존재하는 것을 축소·확대하기 •만약 우리가 개미처럼 작아진다면?

5. 의인화하기 •물고기가 말을 한다면? •책이 나의 친구라면?

6. 가상적인 상황을 현실에 적용하기 •만약 내가 인간문화재가 된다면?

7. 위치와 공간을 바꾸어 생각하기 ∙내가 원시시대로 돌아가서 생활한다면?

유창성: 가능한 많은 아이디어를 산출하는 능력

1. 결과에 맞춰 유창하게 생각하기 ∙태풍이 불어올 때 일어날 일을 최대한 많이 예상한다면?

2. 특정 사물과 닮은 것을 많이 떠올리기 ∙'○'를 이용하여 많은 그림을 그리면?

3. 현상에 대해 많은 것 연상하기 ∙내가 좋아하는 것을 많이 생각하면?

4. 대상을 많이 활용하기 ∙연필의 다른 용도를 많이 적으면?

5. 속성별로 관련지어 많이 생각하기 ∙'□'와 '좋다'에 관련되는 것을 수집하면?

6. 형용사와 관련하여 많이 연상하기 ∙'아름답다'와 관련되는 것을 모으면?

융통성: 고정관념의 틀을 깨고 다양한 범주의 아이디어를 산출하는 능력

1. 대상에 대한 시점을 다르게 변화시켜 생각하기 ∙지금 계절이 반대로 바뀌면?

2. 문제 상황을 해결하는 다른 방법 찾기 ∙수능 성적을 올리는 다양한 방법은?

3. 상황이나 사물 대치하기 •만약 내가 청소년이라면?

4. 범주별로 분류하여 생각하기 •학급의 학생들을 통학방법에 따라 분류하면?

5. 기존의 생각을 다른 상황에 적용하기 •'공부가 인생의 전부가 아니다'를 요즘 현실에 적용한다면?

6. 상황에 적절하게 수정하기 •'손수건'의 다른 용도는?

독창성: 자기만의 독특한 아이디어를 산출하는 능력

1. 이름 또는 제목을 새롭게 붙이기 •짝꿍에게 어울리는 멋있는 별명을 지으면?

2. 제시물을 독특하게 활용하기 •'창의성'을 이용하여 삼행시를 지으면?

3. 사물을 조합하여 새로운 사물 만들기 •전혀 다른 3개 물건으로 새로운 물건을 만들면?

4. 새로운 모양 디자인하기 •나를 PR할 수 있는 독특한 명함을 만들면?

5. 기존에 존재하지 않는 새로운 사물 생각하기 •지금 당장 불편한 부분을 해결하는 발명을 한다면?

정교성: 처음 제안된 아이디어를 다듬어 더 발전시켜나가는 능력

1. 세밀하고 미세한 부분을 정교하게 표현하기 •게를 냄비에 넣

고 10회 회전시켜 놓으면?

2. 생략·압축된 부분 구체화시키기 • 금방 친구가 한 말을 구체적으로 설명하면?

3. 아이디어의 실용적 가치를 고려하여 더욱 발전시키기 • 왜 서해가 조수간만의 차가 더 클까?

4. 기존의 이미지를 자세하게 발전시키기 • 나의 이미지를 그림으로 자세하게 표현하면?

5. 거친 수준의 생각을 구체화하기 • 여름은 왜 이렇게 덥지?

민감성: 다양한 정보들에 대하여 관심을 보이고 탐색해나가는 능력

1. 당연한 현상에 의문을 가지는 자세 기르기 • 새우의 등은 왜 휘었을까?

2. 집단이나 사물에 대해 공통점 찾기 • 어떤 물건에는 손잡이가 없는 것도 있지?

3. 시각적인 경험으로 변화주기 • 거꾸로 달린 간판을 보고 생각나는 것은?

4. 미각적인 경험으로 변화주기 • 수박의 맛을 보고 생산지의 환경은?

5. 후각적인 경험으로 변화주기 • 공기의 냄새를 맡고 연상하면?

6. 청각적인 경험으로 변화주기 • 동요 〈앞으로 앞으로〉를 듣고 느낀 점은?

7. 촉각적인 경험으로 변화주기 ·짝꿍의 손을 만져보고 생활습관을 추적하면?

창의성으로 세상을 바꾸다

일상에서 어떻게 창의력을 연습하고 훈련할 수 있을까. 기업가정신을 꿈꾸는 세대들이 창의적으로 사고하기 위한 그 첫걸음을 영국 일간지 〈인디펜던트〉가 발표한 '세상을 바꾼 발명품 101'의 목록으로 시작해보자.

1. 주판. 170년, 발명 이후 수십 세기 동안 가장 중요한 계산 수단.

2. 아르키메데스의 스크루펌프. 기원전 700년. 현재도 사용되는 발명품. 고대 바빌로니아 공중정원의 관개 수단으로 쓰임.

3. 아스피린. 1899년. 한 세기 동안 가장 많은 질병을 치료한 약품.

4. 아타리 2600 가정용 게임기. 1977년. 가정용 게임 시장을 개척. 170개월 동안 3000만 개가 팔려 나간 히트 상품.

5. 가시철조망. 1873년. 미국 농부가 소 방목을 위해 발명. 이후 '인류 분열의 상징'이 됨.

6. 바코드. 1973년. 우리가 쓰는 모든 제품에 응용되는 획기적 발명품.

7. 건전지. 1800년. 101가지 발명품의 3분의 1이 건전지를 이용함.

8. 자전거. 1861년. 가장 계급 차별이 없는 이동수단. 자동차의 원조.

9. 바이로(최초의 볼펜 상표). 1938년. 세계적으로 매일 1400만 개가 팔리고 있음.

10. 블랙베리. 1999년. 직장인의 필수품이자 이들의 저주를 받고 있음. 보스가 직원을 감시하는 '디지털 족쇄'.

11. 활과 화살. 기원전 3만 년. 현대에 이르기까지 움직이는 생명체를 죽이는 가장 효율적인 도구.

12. 브래지어. 1913년. 전 세계 여성의 필수품.

13. 단추. 1235년. 오늘날의 옷 디자인을 만들어냈음.

14. 캠코더. 1983년. 누구든 촬영가가 될 수 있게 해줌.

15. 카메라. 1826년. 살아 있는 모습을 전하거나 남기도록 함.

16. 심장박동기. 1958년. 죽어 가는 사람을 다시 살리는 발명품.

17. CD. 1965년. 음악 혁명을 가져왔음.

18. 태엽라디오. 1991년. 저개발 지역 주민들에게 에이즈와 피임법 등의 소식을 전해주는 발명품.

19. 나침반. 1190년. 글로벌화라는 새로운 시대를 개척.

20. 콘돔. 1640년. 원하지 않는 임신과 에이즈 같은 전염병을 막는데 기여.

세상을 바꾼 발명품은 어떻게 나오게 되었을까 궁금하지 않을 수 없다. 1968년 미국 사무 용품 회사인 3M 중앙연구소에 근무하던 스펜서 실버 연구원은 새로 만든 접착제를 놓고 고민에 빠졌다. 아주 강력한 접착력을 지닌 풀을 연구 중이던 스펜서는 실수로 어디에나 잘 붙는 반면 쉽게 떨어져버리는 물질을 개발한 것. 그나마 장점은 떨어질 때 흔적을 남기지 않는다는 것이었다. 주변의 반응은 시큰둥했지만 나중에 다른 동료에 의해 사업화에 성공해 3M은 1981년에 포스트잇이라는 메모지를 판매하기 시작했다.

1907년 하버드대학교를 다니던 휴그 무어는 자판기 사업을 하는 친구를 도울 방법을 골똘히 생각하던 중이었다. 자판기 사업이 초기에는 반응이 좋았지만 자판기에 사용하는 컵이 자기나 유리여서 자꾸 깨지는 바람에 사람들의 관심에서 멀어지고 있었다. 무어는 깨지지 않으면서 위생적인 컵을 찾기 위해 고민을 거듭했고 결국 종이로 컵을 만들 생각을 하게 되었다. 그러나 종이는 물에 젖는 문제가 있었다. 이를 해결하기 위해 왁스나 플라스틱으로 코팅되어 물에 잘 젖지 않는 '태블릿 종이'를 발견했고 우리가 사용하는 종이컵이 세상에 나오게 되었다.

지퍼도 우여곡절 끝에 세상에 나온 발명품이다. 처음 발명한 사람은 지트슨이다. 외출할 때마다 몸을 숙여 구두끈을 매는 게 귀찮아서 지퍼를 고안하게 됐다. 그러나 대중화하려면 지퍼를 만드는 기계가 필요한데 그걸 만드는 데 19년의 시간이 걸렸다. 그럼에도 지퍼는 사람들의 관심을 사지 못했는데 한 양복점 주인이 이 기계를 보고 지갑 주머니에 지퍼를 달아보자는 아이디어를 냈고 이것이 성공하면서 지퍼가 대중화되었다.

창의적 발상은 '다르게' 생각하는 것

1991년 일본 아이모리 현에 큰 태풍이 불었다. 아이모리 현은 우리나라 대구처럼 사과 산지로 유명한 지역이다. 태풍이 불어 한해 사과농사를 거의 망칠 지경이 되었다. 평년 대비 사과 생산량은 3분의 1 정도 밖에 되지 않아 농부들은 망연자실하였고, 어떻게 이 문제를 해결해나가야 할지 난감해했다. 그런데 이런 상황에서 한 농부가 떨어진 사과가 아니라 태풍에도 불구하고 사과나무에 붙어 있는 사과에 눈길을 돌렸다. 모든 농부가 태풍에 떨어져 뒹굴고 있는 사과를 보며 어찌할 바를 모르고 있을 때 다른 사람과는 달리 나무에 붙어 있는 사과에 눈을 돌린 것이다.

"떨어지지 않고 붙어서 살아남은 사과"

이 농부와 함께 아이모리 현의 농부들은 바람을 견디고 나무에 붙어 있던 사과들을 수확해서 그 사과에 '합격사과'라는 이름을 붙여 팔았다. 평년에 비해 10배나 높은 가격임에도 불구하고 사과는 불티나게 팔려나갔고, 농부들은 태풍으로 농사를 망쳤음에도 평년 대비 3배나 많은 소득을 올렸다. 소중한 사람들에게 선물하기 위해 높은 가격에도 불구하고 구입을 한 것이다. 받는 사람도 감격하고, 준 사람도 평생 그 사람에게 마음을 얻는 것이다.

당시 한 방송에서 이 이야기를 바탕으로 실험을 했다. 밸런타인데이에 길거리에서 사과를 팔면서 한 사람은 맛있는 사과라고 하면서 팔았고, 한 사람은 사과 두 개를 묶어서 '사랑이 이루어지는 사과'라고 하면서 팔았다. 어떤 사과가 더 많이 팔렸을까. 사랑이 이루어지는 사과라고 하면서 두 개를 묶어 판 사과가 많이 팔렸다. 사랑이 이루어지는 사과를 산 사람에게 왜 이 사과를 샀느냐고 물었다.

"왠지 이 사과를 사면 사랑이 이루어질 것 같고, 좋은 일이 생길 것 같은 느낌이 들어요."

창의적 발상은 다르게 보는 것이다. 여기서 다르게 본다는 것은 다양한 의미가 있다. 중요한 것은 기회를 포착해야 한다는 점이다. 기업가정신에서 기회를 포착한다는 것은 상품가능성, 서비스가능성, 직업가능성 등을 말한다. 이런 가능성을 찾는 것의 시작은 철저히 고객의 입장, 고객의 마음, 고객의 필요를 살펴 요구를 읽고, 이에 반응하는 것이다. 이러한 창조적 발상의 시작은 창의적인 아이디어를 꺼내는 데 있다.

아이디어를
떠올리는 법

        창의적인 아이디어를 떠올리기 위한 다양한 방법이 있다. 마인드맵, 브레인스토밍, PMI 기법Plus, Minus, Interest, 트리즈 기법TRIZ, Theory of solving inventive problem, 6가지 색깔 생각 모자 기법, 스캠퍼Scamper 기법, 시네틱스 기법, 시간축사고 기법, 연상법, 속성열거법, 강제결합법 등이다. 다양한 방법을 사용하기 이전에 각 연령대에서 가지고 있는 이슈를 정리해보자. 이것은 실제 학생들과 함께 창업아이템을 찾는 초기단계에서 토론한 결과이다. 이슈 테이블에서 키워드를 도출하여 다양한 창의적 사고기법으로 확장해볼 수 있다.

	유아	청소년	대학생	성인	노인	기회
정치	어린이집	투표연령	정치참여	정치불신		
경제	보육료	진로교육	취업, 창업	소득, 부동산	빈곤, 일자리	진로교육
사회	맘카페	학교폭력	스펙	양극화	고령화속도	노인서비스
문화		게임	개인화	직장인문화		1인 가구
IT	TV시청	스마트폰중독	스마트폰	카톡 근무	정보격차	중독치료
교육	독서	입시	공무원시험	자기계발	평생교육	스마트교육
건강	식품안전	수면, 성장	혼밥족 증가	다이어트	식단	건강식단
환경	가습기				미세먼지	미세먼지
스포츠		생활체육				홈스포츠
여행			배낭여행	해외여행		여행일반화
4차 산업혁명	유아용품 안전기기	스마트교육 스마트교실	IT벤처	자동화 인력대체	실버 산업	사물인터넷 스마트홈
기회	유치원정보	스마트 학습 어플	취업, 창업 교육 시스템	스마트 건강 관리 시스템	정보교육 방문서비스	

시간축사고 기법과 야쿠르트 아줌마

시간축사고 기법은 우리의 관점을 미래와 현재, 과거 등으로 옮겨 생각하는 사고기법이다. 즉 사고의 시간을 현재에서 과거, 미래로 옮겨서 대상이나 문제를 생각해보는 것이다. 사고의 시간이 옮겨지면 사고의 공간도 옮겨진다. 시간과 공간이 옮겨진 상황에서 다른 것을 생각해보는 이 사고 기법으로 유창성, 상상력, 독창성 등을 기를 수 있다.

예를 들어보자. 한국야쿠르트 기업에서 일하는 일명 야쿠르트 아줌마로 불리는 직업은 변하는 시대에 살아남을까, 사라질까? "이

121

작은 한 병에 사랑과 정성을 담았습니다." 뭔가 귀에 착착 달라붙는 이 카피는 바로 '요구르트' 광고이다. 100년 뒤 요구르트 없는 세상을 상상해볼 수 있을까? 마트와 편의점에 가면 음료만 수백 가지가 넘는다. 생수의 브랜드만 100가지가 넘는 시대이다. 그 화려한 매장 틈새에 촌스러운 색상을 그대로 간직한 채 자리를 잡고 있는 존재가 바로 요구르트이다. 결론부터 말하자면, 요구르트라는 상품은 사라지지 않을 것이다. 직업의 측면에서 보자. 과연 야쿠르트 아줌마의 직업은 미래에도 살아남을까. 전문적인 명칭은 '요구르트 판매원'이다. 그들은 모두 한국야쿠르트에서 일명 '여사님'으로 불리는 사람들이다. 편의상 '야쿠르트 아줌마'라고 부르기로 하자. 야쿠르트 아줌마는 미래에도 노란 옷과 모자를 쓰고 골목을 휘저을까? 시간축사고 기법에 근거하여 살펴보자.

1971년 47명으로 시작한 한국야쿠르트의 판매원은 1975년 1천 명을 넘어섰고, 1983년 5천 명을 넘어섰다. 그리고 1998년에는 드디어 1만 명을 돌파했다. 2016년 기준으로는 1만 3천 명이 매일 아침 야쿠르트를 배달하고 있다. 놀라운 것은 한국야쿠르트 연매출 1조 원 중 97퍼센트가 바로 야쿠르트 아줌마들의 수고로 채워진다는 사실이다. 야쿠르트의 본질에서 아줌마들을 빼고는 그 어떤 변화도 설명이 어려운 이유이다. 야쿠르트 아줌마가 본질에 해당하므로 야쿠르트의 다양한 변화는 이 본질을 중심으로 이루어졌다. 그녀들은 처음에 가방을 메고 다녔지만, 이후에는 전동모터가 달린

카트를 끌고 다녔다. 그리고 2014년부터는 3세대 전동카트를 보급하여 아줌마들이 그 위에 올라탈 수 있도록 했다. 카트 위에는 220리터 용량 냉장고를 장착했고, 그 속에는 헬리코박터 프로젝트 월 1천 개를 실을 수 있는 공간이 있다. 타고 시동을 걸면 시속 8km로 달린다. 이분들의 하루 평균 근무시간은 6.8시간이고, 한 달에 평균 170여 만 원 보수를 받는다. 지정된 배달 업무 이외에는 출퇴근도 자유롭다고 한다. 야쿠르트 아줌마들의 카트는 아마도 2025년이 되면 야쿠르트머신으로 바뀌어 있을지도 모른다. 한국야쿠르트는 본질을 잘 유지하기 위해 아줌마들의 카트를 끊임없이 연구 개발하여 개선해주고 있다.

　한편, 설문조사를 통해 오랜 전통의 노란색 유니폼은 분홍색 계열로 바뀌었다. 이 역시 본질 중심의 변화이다. 본질은 유지되고 있지만, 그 주변의 변화는 끊임없이 진행형이다. 왜냐하면 사람들의 욕구와 필요가 변하기 때문이다. 요구르트에 대한 사람들의 새로운 필요는 무엇일까. 먹어본 적이 있다면 알 것이다. 일단, 양이 적다. 늘 마지막 한 방울까지 쪽쪽 빨아먹어야 한다. 물론 그것이 매력이라고 말하는 이들도 있다. '아, 아쉽다. 더 먹고 싶다' 이러한 욕구뿐만이 아니다. 요구르트향을 다른 음식에서도 느끼고 싶다. 그 신선한 향이 갖는 매력은 생각보다 사람들의 뇌리에 깊게 남아 있다. 이러한 시대의 변화, 사람들의 욕구를 읽고 변화는 이미 진행되고 있다. 요구르트 아줌마를 기다리지 않고 먹고 싶을 때 마음껏 먹을 수 있는 그 필요를 가장 먼저 받아들인 곳은 편의점이다. 기존 요구르트보다 4~5배 큰 용량을 판매하기 시작했다. 뒤늦게 깜짝 놀란 한국야쿠르트도 대용량 빅요구르트를 출시했다. 변화의 흐름을 감지한 한국야쿠르트는 내친김에 얼려먹는 요구르트를 출시했다. 재미있는 것은 모양이 기존 요구르트를 뒤집어 놓은 것이어서 오랜 전통의 '폴라포 아이스바'와 비슷한 느낌을 준다. 이 제품은 출시 직후 매일 20만 개가 팔렸다고 한다. 요구르트 세계의 변화가 시작되자 이후 다양한 소비자의 필요를 찾아내어, 요구르트 마스크팩과 요구르트 젤리가 판매되었다. 기존의 것이 완전히 사라지고 새로운 것이 등장하는 경우도 있지만, 요구르트의 경우는 기존 오리지널에 대한 의존도가 높기 때문에 '약간의 변화, 변형' 등이 일어나는 것이다.

"가족을 위해 건강한 식단을 준비하고 싶다."

"그런데 식품에 대한 신뢰가 예전 같지 않다."

"믿고 먹을 수 있는 식품이라면 돈을 더 주고라도 사고 싶다."

"하지만 매번 그렇게 식단을 신경 쓰기는 번거롭다."

"편리하고 믿을 수 있는 반찬을 공급받을 수는 없을까?"

이러한 고객의 필요에 따라 2017년에 한국야쿠르트는 1만 3천여 야쿠르트 아줌마를 통해 60여 종의 간편식과 디저트를 배달해 주는 서비스를 시작했다. 1인가구와 맞벌이부부 증가라는 시대적 변화를 정확히 읽어냈고, 또한 한국야쿠르트 어플리케이션으로 야쿠르트 아줌마의 위치를 실시간으로 파악할 수 있게 한 것도 편리함을 더해주는 요인이다.

미래에는 어떻게 변화할지 무궁무진한 상상이 가능하다. 본질을 이해하면 변화를 상상하는 데 자유로워진다. 본질을 중심으로 시대의 변화, 시장의 변화, 고객의 변화를 읽고 더하면 되는 것이다.

6가지 색깔 생각 모자 기법과 노인 건강 아이디어

창의적 사고기법 중, 6가지 생각 모자 기법이 있다. 이 기법은 서로 다른 사고의 유형을 상징하는 6가지 각기 다른 색의 모자를 쓰고, 자신이 쓰고 있는 모자의 색깔이 표상하는 유형의 사고를 하게 하는 것이다. '6가지 색깔 모자 기법Six Thinking Hats'은 창의적 사고의 대가인 에드워드 드 보노Edward de Bono에 의해 개발된 것으로 가장 단순명료하게 사고함으로써 가장 효과적으로 사고하기 위한 것이다. 브레인스토밍과 같은 아이디어 회의를 하는 경우 뭐 뾰족한 아이디어가 떠오르지 않아 모두가 지쳐 있을 때 할 수 있는 방법이며 하나의 아이디어를 심화시킬 때 사용한다.

각각의 모자는 하나의 이슈를 바라보는 다양한 관점을 의미한다. 회의에서 다수의 참석자나 팀원들이 한순간에 하나의 관점에 집중하게 함으로써 불필요한 충돌이 일어나는 것을 막을 수 있다. 이 기법은 의견이나 아이디어를 자유롭게 얘기하되, 그것이 일정한 방향에 집중되도록 하는 역할을 한다. 특히 불필요한 논쟁이 일어나는 것을 막고 유연한 사고를 통해 시간을 절약할 수 있다. 또한 회의 중에 지나치게 자기를 내세우거나 상대방을 공격하는 행위를 막을 수 있는 장점이 있다. 여섯 가지 사고 모자는 아래와 같다.

첫째, 백색모: 중립적이고 객관적 사실, 자료, 정보 공유. 우리가 가진 정보는 무엇인가, 어떤 정보가 필요한가, 어떻게 필요한 정보를 얻을 것인지 등에 대한 질문을 던진다.

둘째, 적색모 : 감정, 느낌, 육감과 직관. 아이디어를 듣는 순간의 직관적인 느낌을 이야기한다.

셋째, 흑색모 : 비판적 사고에 근거해 어떤 것의 실패의 이유, 잠재적 문제 등을 살핀다.

넷째, 황색모 : 아이디어가 가진 장점에 주목. 낙관적, 긍정적, 건설적 기회를 따져본다.

다섯째, 녹색모 : 새로운 아이디어를 끊임없이 제안하며 창의적, 측면적 사고, 여러 가지 해결방안을 제안한다.

여섯째, 청색모 : 아이디어를 검토하는 과정이 잘 전개되고 있는지 살핀다. 요약, 개관, 규율의 강조, 이성적 합리적 사고를 의미한다.

여섯 가지 생각 모자 기법을 통해 실제 노인 건강 문제를 다룬 예를 살펴보자.

"고령화의 속도와 상황은 어떨까?"
"노인건강 주제로 대화해 볼까?"
"치료보다 예방의 개념은 어떨까?"

"가정방문 치료 서비스 어떨까?"
"물리치료 개인 주치의는 어떨까?"
"사물인터넷으로 독거 노인의 일상에서 건강을 측정할 수 있지 않을까?"
"사회복지 시스템의 틈새를 공략하여 노인 건강을 관리하는 새로운 접근은 어떨까?"

"일할 사람은 많고, 일할 곳은 없는 상황에서, 지역별 노인 관리 사회복지 공무원의 수는 너무 적은 게 현실이야. 좋은 기회를 만들 수 있을 것 같아"

"현실을 냉정하게 보아야 해.
그런 취지라면 객관적인 정보를 더 확인해 보아야 해.
사회 복지 공무원 규모를 살펴보고, 정말 인원이 적다면 수많은 사회복지시험 합격자와 시험준비생들을 활용하면 될 일이야."

"어르신들 일대일 건강 관리 서비스 나는 찬성이야. 대박 날 것 같아."

"잠깐 잠깐! 우리가 지금 토론하는 것의 핵심은 노인분들의 건강을 일상에서 관리하는 방안인데, 우리가 놓치지 말아야 할 것은 기술 기반 서비스를 할 것인가. 사람 기반 서비스를 알 것인가. 이걸 생각해 보자.

　이런 아이디어를 실제 창업으로 연결한 대학생 스타트업이 있다. 노인분들이 일상에서 쉽게 스트레칭을 할 수 있도록 개발한 '자동 스트레칭 머신과 어플리케이션을 개발한 제이이랩의 조재민 대표이다. 제이이랩은 첫 번째 제품으로 종아리 부종, 하지정맥류 사후 관리가 필요한 사람들을 위한 종아리 스트레칭 머신을 개발 중이다. 오랫동안 병원 생활을 했던 조 대표 할아버지의 건강관리가 사업의 계기가 되었다. 종아리 근육을 오랫동안 쓰지 않아 일상생활에 복귀하는 데 애를 먹는 모습을 지켜보던 그는 '자동으로 스트레칭을 하고 상태를 확인할 수 있는 제품이 없을까?' 하는 생각을 떠올렸다. 제이이랩은 스트레칭 머신과 애플리케이션을 통해 근육을 자동으로 스트레칭하고 근육의 상태를 확인할 수 있는 '리플렉소-C^Calf'를 개발하고 있다. 이 제품은 사용자의 피로도와 유연성, 밸런스 측정 후 데이터를 분석하고 피드백한다. 개인 맞춤형 발목, 종아리 스트레칭 기능도 제공한다. 리플렉소-C^Calf는 5차 개발을 마무리하고 12월 출시를 앞두고 있다. 현재는 종아리를 전문으로 하지만 향후 스트레칭이 필요한 손목, 무릎, 어깨, 목 등으로 대상 부위를 확장할 예정이다. 조 대표는 "전 세계를 선도하는 최초, 그리고 최고의 스트레칭 전문 기업이 될 것"이라고 말했다.(한국경제매거진 & 캠퍼스 잡앤조이 참조)

PMI 기법과 반려견 사업 아이디어

PMI는 특정한 문제의 긍정적인 면(좋은 점, 장점), 부정적인 면(나쁜 점, 단점), 흥미로운 점을 각각 기록한 다음 이들 각각에 대한 문제 해결자 나름의 진단을 통해 이익이 되는 점을 찾는 기법이다.

P = Plus. 제시된 아이디어의 좋은 점 (당신이 좋아하는 이유)

M = Minus. 제시된 아이디어의 나쁜 점 (당신이 싫어하는 이유)

I = Interest. 제시된 아이디어와 관련하여 흥미롭게 생각되는 점

PMI 기법을 적용해 1인 가족 문화와 고령화시대의 이슈를 토대로 반려견 주제를 다뤄보자. 반려견을 주제로 하는 사업 아이디어 구상을 위해 토론의 주제를 한 가지로 좁혀서 대화를 시도해본다. 예를 들면 '반려견을 키우기로 결심한 K씨에게 일어난 일'이다. 처음 반려견을 키우는 사람의 일상을 생각하면서 어떤 점이 긍정적인지, 어떤 어려움이 있는지, 한편으로는 어떤 점이 흥미로운지 살펴보자.

P = Plus

- 고령화시대가 낳은 또 다른 특징은 자녀들과 함께 살지 않는 노인 부부가 많다는 점이다. 생활수준에서 차이가 있지만 노인 부부가 꿈꾸는 삶은 반려견 한 마리를 키우면서 공원을 산책하고 여행을 다니는 모습이다.
- 1인 가족의 비중은 갈수록 높아지고 있고 젊은층 1인 가구도 많다. 외로움을 덜기 위해 반려견을 키운다.
- 집에 들어가도 반겨주는 존재가 없었는데 이제는 반려견이 꼬리를 흔들며 반겨준다. 집안 분위기가 바뀌었다.

- 누군가를 챙겨주어야 한다는 것은 번거로운 일일 수도 있지만, 그러한 책임감이 삶의 활력이 되기도 한다.

M = Minus

- 반려견을 키우는 것은 꿈꾸던 그림처럼 완벽하지만은 않다. 가장 신경 쓰이는 부분은 반려견의 대소변이다. 훈련이 되어 있는 반려견이라면 모르겠지만, 어쩌면 이는 매일 전쟁을 치르는 일이 될 수도 있다.

- 청결문제가 생긴다. 정기적으로 목욕을 시키고 산책을 시켜야 한다. 때로는 침대에 올라오기도 하여 냄새가 나고 털이 날릴 수 있다.

I = Interest

- 반려견의 대소변 훈련을 포함하여 다양한 생활패턴을 훈련시켜주는 서비스가 있다면 좋겠다. 이미 반려동물 행동교정 전문가라는 신직업도 생겼다.

- 반려견을 키우는 과정에 주인이 불편함을 느낄 만한 일들을 대행해주는 서비스가 필요하다. 마치 정기적으로 전문가들이 방문해 정수기를 관리해주는 것처럼.

- 기존 동물병원에서 서비스 개념을 확장하여 방문 서비스를 할 수도 있을 것이다.

- 반려견을 위한 드라이 기술이 필요하다.

여기서 나온 아이디어를 발 빠르게 창업으로 연결시킨 대학생들이 있다. 포펫FORPET의 대표 엄준호, 원종민 씨이다. 포펫FORPET은 '반려동물을 위한'이란 뜻이다. 사람이 아닌 동물을 위한 제품을 만드는 것. 엄준호, 원종민 대표의 오랜 꿈이었다. 2015년, '행복이'와 '로꼬'의 아빠 엄 대표는 경남의 한 반려동물 용품점에서 근무하며 창업의 꿈을 키웠다. 이듬해 유기동물보호센터에서 봉사활동을 하던 엄 대표는 동물들이 열악한 환경에서 목욕을 하고, 또 털을 말리는 과정을 보며 저렴한 드라이룸의 필요성을 절감했다. 그렇게 탄생한 것이 '펫드라이어룸'이다. 포펫의 1호 작품이 탄생하기까지는 학교의 도움이 컸다. 교내 창업 동아리에서 PCB 설계 장비, 3D 프린터를 활용해 시제품을 제작하고 각종 지원 사업에 참여해 필요한 자금을 확보할 수 있었다. 펫드라이어룸은 바람이 내부에서 대류해 구석까지 침투하고 빠진 털을 효과적으로 모아주는 게 특징이다. 또 넓게 창을 터 보호자가 반려동물의 상태를 쉽게 확인할 수 있도록 했다. 가장 큰 장점은 효율성이다. 크기와 가격, 평균 드라이 시간까지 모두 업계에서 우위를 점하고 있다. 현재는 부산, 인천 등 국내 오프라인 소매점과 함께 일본 오키나와 펫숍에도 입점해 있다.(한국경제매거진 & 캠퍼스 잡앤조이 참조)

스캠퍼 기법과 새로운 제품 아이디어

스캠퍼 기법은 일종의 브레인스토밍 기법의 하나로, 브레인스토밍 기법을 창안한 오스본^{Alex Osborn}의 체크리스트를 에이벌^{Bob Eberle}이 7개의 키워드로 재구성하고 발전시킨 것이다. 스캠퍼는 사고의 영역을 7개의 키워드로 정해놓고 이에 맞는 새로운 아이디어를 생성한 뒤 실행 가능한 최적의 대안을 골라내기 때문에 브레인스토밍보다 구체적인 안을 도출할 때 적합하다.

- Substitute 대체하기: "A 대신 B를 쓰면 어떨까?"처럼 기존의 것을 다른 것으로 대체함으로써 고정적인 시각을 다른 시각으로 바라볼 수 있게 한다.
- Combine 결합하기: 두 가지 이상의 것을 결합하여 새로운 것을 도출할 수 있도록 질문한다. "A와 B를 합치면 어떨까?"
- Adapt 적용시키기: 어떤 것을 다른 목적과 조건에 맞게 응용해볼 수 있도록 하는 질문이다. "A를 B 외에 C에도 사용하면 어떨까? A와 비슷한 것은 무엇일까?"
- Modify-Magnify-Minify 수정 확대 축소하기: 어떤 것의 특성이나 모양을 변형하고 확대 또는 축소하여 새로운 것을 생각해볼 수 있도록 하는 질문이다. "A의 특성을 변형한다면 어떨까? A를 확대하면 어떨까? A를 축소하면 어떨까?"

- Put to other uses 용도 변경하기: 어떤 것을 전혀 다른 용도로 생각해볼 수 있도록 하는 질문이다. "A를 B 용도 외에 C 용도로 사용하면 어떨까?"
- Eliminate 제거하기: 어떤 것의 일부 또는 제거가 가능한 기능들을 찾아보는 질문이다. "A의 일부를 제거한다면 어떨까?"
- Reverse-Rearrange 재정리하기: 어떤 것의 순서, 위치, 기능, 모양 등을 바꾸거나 재정렬하여 새로운 것을 생각해볼 수 있도록 하는 질문이다. "AB를 BA로 바꾸면 어떨까? A의 역할을 바꾸면 어떨까?"

실제 대학생 창업으로 이미 시장에 진출한 수많은 사례 중에는 스캠퍼의 사고기법으로 여겨질 만한 아이디어가 많다. 예를 들어, 몸의 치수를 재는 '줄자'를 '다이어트 프로그램'에 응용한 서비스가 있다. 이는 스캠퍼의 응용하기 또는 다른 용도로 사용하기 등에 해당된다. 바로 '줄다'라는 스타트업이다. '줄다'는 전 세계인의 신체 치수 데이터를 모으는 스타트업이다. 자체 개발한 전자 줄자 디바이스 '젠다'를 사용해 사이즈를 측정하면 신체 치수가 애플리케이션으로 전송되고, 이를 통한 체형 분석과 맞춤형 다이어트 콘텐츠를 제공한다.

'줄다'의 이용우 대표는 "줄다는 신체 치수를 모으는 데이터 비즈니스모델을 갖췄는데, 데이터를 모을 수 있는 하드웨어를 가지고

있는 것이 최대 강점"이라고 밝혔다.(한국경제매거진 & 캠퍼스 잡앤조이 참조)

트리즈기법과 순환 사업 아이디어

트리즈는 러시아어 'Teoriya Resheniya Izobretatelskikh Zadatch'의 머리글자를 딴 것인데, 창의적 문제해결을 위한 이론이라는 뜻이다. 이 이론은 세상의 모든 문제는 '모순'에서 출발하고 그 모순의 해결법은 40가지로 요약될 수 있다고 한다.

트리즈 기법은 1960년대 구소련의 엔지니어 겐리히 알츠슐러 Genrich Altshuller와 그의 제자들에 의해 처음 만들어졌다. 이들은 300만 건 이상의 특허와 발명품을 분석, 그 안에 숨은 문제해결의 원리를 40가지로 정리해냈다. 처음엔 구소련 내에서만 주로 사용되다, 1990년대 초 소련이 붕괴한 뒤 서구에 본격적으로 소개되기 시작했다.

우리나라에서는 1990년대 말 전파되기 시작해, 삼성과 LG, 포스코, LS 등의 대기업을 중심으로 확산되었다. 트리즈는 모든 문제가 모순 상황 때문에 발생한다고 본다. '성능이 좋으면서도 가격이 싼 것', '얇으면서도 튼튼한 것', '직원 수를 늘리지 않으면서도 영업력을 강화하는 것' 등이 대표적이다.(《조선일보》'트리즈를 아십니까' 참조)

예를 들어 첫 번째 원리가 '분할'인데 이를 적용한 것이 바로 짬

짜면이다. 짜장면도 먹고 싶고 짬뽕도 먹고 싶은 사람들을 위해 1개의 그릇을 두 부분으로 구분해 모순을 해결한 것이다. 다른 예로, 여름에 지하철을 타면 에어컨을 강하게 틀어 추운 데가 있고, 아닌 데가 있다. 사람들마다 더위를 느끼는 정도가 다르므로 각각 구분하여 약냉방칸을 만들었다. 이것도 트리즈의 결과다. 트리즈는 모순이 먼저 발생하고 그다음에 해결책을 찾는 방식이다.

알라딘 중고서점도 트리즈를 활용한 좋은 예다. 먼저 어떤 모순이 있었을까. 알라딘은 어떻게 문제해결을 했으며 사업화 단계까지 나아갔을까. 책은 사서 한 번 읽고 다시 안 보는 경우가 대부분이다. 그래서 제 값을 모두 주고 사는 것을 아까워하는 사람들이 많다.

이런 독자들의 입장에서 출발해 문제해결에 나섰다. 트리즈 해결책 다섯 번째에 해당하는 통합 기법을 활용하여 책을 파는 것과 사는 것을 깔끔하게 통합시켰다. 계산대를 둘로 나눠서 한 쪽은 책을 파는 사람들이 줄을 서고, 한 쪽은 책을 사는 사람들이 줄을 선다. 집 안에 뒹구는 책들을 싸와서 팔아 현금을 받은 후 그 돈으로 사고 싶었던 책을 또 싼값에 사서 돌아간다. 넓은 공간에서 책과 사람과 돈이 자연스럽게 순환되는 구조를 만든 셈이다. 세 번째 국소적 품질도 활용하여 서점이지만 책만 사고파는 것이 아니라 앉아서 읽을 수 있게 테이블을 비치했고, 커피숍까지 두었다. 다양한 팬시 제품도 진열해 쇼핑도 가능하게 했다.

알라딘은 고객의 욕구와 가치를 섬세하게 읽고, 팔고 싶은 욕구와 사고 싶은 욕구를 모두 해소할 수 있는 방안으로 사업을 구체화한 것이다.

이러한 순환과 공유에 중점을 둔 창의적 아이디어를 사업화한 스타트업이 있다. 대학생 스타트업 베스트 40(한국경제매거진 & 캠퍼스잡앤조이 참조)에 선정된 '비움'이다. 쓰레기를 버리는 행동과 디지털 캐시, 그리고 캐시를 사용할 수 있는 상가를 연결하는 방식이다.

비움의 한민 대표는 주한 외국인에게 우리나라 쓰레기 문제에 대해 묻는 인터뷰 동영상을 우연히 보게 됐다. 이를 계기로 길에 버려진 쓰레기 문제의 심각성을 새롭게 인식했고, 창업에까지 나서게 됐다. 그는 사람들의 습관부터 분석했다. 그러자 2가지 문제 원인을 발견할 수 있었다. 우선 사람들이 쓰레기통의 위치를 잘 알지 못한다는 것이다. 두 번째는 쓰레기를 땅에 버려도 된다는 생각이다. 원인을 찾은 한 대표는 학교 캡스톤 디자인 수업에서 만난 동기들과 협력해 '캐시빈' 앱을 개발했다.

캐시빈은 길거리 쓰레기통의 위치를 알려주고, 캐시빈 단말기가 설치된 쓰레기통에 쓰레기를 버릴 경우 사용자에게 디지털 캐시를 적립해주는 애플리케이션이다. 아직은 테스트 단계라 울산대 내 카페가 유일한 참여 기업이다. 하지만 학생들이 환경 개선에 참여하고 보상으로 받은 캐시를 카페에서 사용할 수 있어 큰 호응을 받고 있다.

한 대표는 "아직 시작 단계이기 때문에 제품 개발과 자본금이 걱정이지만, 캐시빈 서비스를 이용하는 학생들이 있어 힘이 난다. 쓰레기를 길거리 아무데나 버리지 않고 쓰레기통에 자발적으로 버리자는 비움의 환경 개선 캠페인과 아이템에 공감해주는 분들을 많이 만났다. 앞으로도 우리나라 환경 개선에 힘쓰는 사회적 기업이 될 것"이라고 말했다.

또 다른 스타트업 업체인 노트빌리지는 대학생 노트 공유와 판매 플랫폼을 운영한다. 김주연 대표는 초등학교 때부터 창업을 꿈꿨다. 그러다 대학교 창업 수업을 통해 GS샵에서 5개월간 인큐베이팅을 거쳐 창업의 깃발을 올렸다. 김 대표는 팀원들과 함께 아이템 및 타깃을 선정하는 데 오랜 시간을 쏟아부었다. 그러다 창업 준비로 수업에 빠질 경우 강의를 필기한 노트를 빌리기가 쉽지 않던 경험을 떠올렸다. 김 대표는 평소 자신이 느낀 불편한 점에 착안해 노트빌리지를 설립한 뒤 카이스트, 서울대, 연세대, 고려대, 이화여대, 서강대 등을 대상으로 알파테스트를 시작했다.

노트빌리지는 '노트들이 모이는 마을village'과 '노트를 빌리다'라는 중의적인 뜻을 담고 있다. 특정 강의를 수강한 학생들이 필기한 노트 또는 파일을 노트빌리지에 업로드하면, 자료가 필요한 학생들이 일정 금액을 지불하고 다운로드한다. 김 대표는 "노트의 퀄리티를 보장하기 위해 하나하나 직접 점검하며, 확인된 고정 업로더를 통해 양질의 자료를 계속 확보하고 있다."고 말했다.

4차 산업혁명을 준비하는 첫걸음으로 많은 이들이 창의성을 꼽는다. 창의성과 융합적 사고가 필요하다고 입을 모은다. 두뇌를 풀가동하여 창의성을 끌어내는 다양한 방법을 찾아봤다. 하나하나 적용해 훈련을 거듭하다 보면 생각의 폭이 확장되고 무한한 상상의 나래를 펼치게 될 것이다.

FUTURE · · · · · · + · · · · · · TALENT

아이디어에서
사업화까지

미래 시대의 특징을 한마디로 요약하면 각각의 기능이 '연결'되고 '결합'되는 것이다. 여기에 사물인터넷이라는 4차 산업혁명의 핵심 변화가 더해지면 변화는 상상 그 이상이다. 자신의 스마트폰으로 집 밖에서 집 안의 가전제품을 제어하는 것을 넘어, 인공지능이 스스로 집 안의 가전제품을 제어하게 된다. 기존의 제품, 기존의 기능에 창의적인 발상이 더해지면 혁신과 창조가 가능하다. 혁신에 혁신을 거듭해온 기업은 나름 혁신의 유전자를 가지고 있다. 이제 스스로 새로운 직업을 만들거나 창업을 해야 하는 시대에 각자가 훈련해야 한다. 자신의 일상을 관찰하거나 시대를 통찰하면서 아이디어를 꺼내는 것이 기업가정신의 출발이다. 기회를 찾는 중요한 방법은 무엇보다도 고객의 욕구와 가치를 파악하는 것이다. 가능하다면 창의적으로 생각해야 기존의 것을 개선하거나, 새로운 것을 창조할 수 있다.

사람들의 니즈에서 기회를 찾는다

변화의 시작, 창조의 시작, 창의적 발상의 시작은 어디에서부터 나오는 것일까. 피터 드러커가 남긴 수많은 명언 중 고객과 관련한 내용들이다.

"기업이 무엇인지, 기업이 무엇을 생산하는지, 기업이 번영할 건지 결정하는 사람은 고객이다."
"우리의 사업은 무엇인가? 우리의 고객은 누구인가? 고객들은 무엇을 가치 있게 생각하는가?"
"회사가 인정하든 말든 간에 이제 고객이 회사의 보스이다."

사람들의 욕구와 필요에 따라 개선과 혁신, 창조를 거듭하다 보면 어떤 일이 벌어질까. 여기에 다가올 미래 시대의 기술 혁신이 결합하면 상상할 수 없었던 일이 벌어진다. 개인의 '필요'가 발생하고, 그런 비슷한 개인이 모이면, 영향력을 가지게 된다. 이런 사람들의 욕구, 필요 혹은 가치를 읽어 '기술'에 근거한 '상품' 또는 '서비스'를 만들어 제공하는 방식으로 시장은 반응한다. 이런 흐름을 반복해서 경험하게 되면, 이제는 관찰의 대상을 미리 정해 이해하고, 그 필요를 예측할 수도 있다.

예를 들어보자. 미래에 가장 영향력이 커지는 세대는 '실버세대'가 될 것이다. 일단 숫자가 많다. 전 세계적으로 선진국들은 고령화 사회에 이미 진입하였고, 한국은 그중에서 고령화 속도가 제일 빠른 나라이다. 그런데 실버세대라고 하여 그냥 단순하게 변화를 만들어내는 메인 고객으로 생각하면 곤란하다. 한국은 노인빈곤율도 매우 높기 때문이다. 경제력을 가지고 있어서 소비파워가 있는 노인들이 우선 관찰의 대상이다. 대상을 정하고 나면, 그들의 욕구와 필요를 관찰해야 한다. 나이로는 6075세대가 주를 이룬다. 대한민국의 산업화와 정보화를 모두 경험했다. 100세 고령사회의 출발선에 놓인 사람들이다. 경제력이 있으며 개인주의적인 특징도 가지고 있다. 특징을 살핀 후에는 예측 단계로 들어간다. 라이프 동선을 생각하며 그 속에서 '생활방식의 특징'을 찾아내는 것이다. 앞서 언급한 일반 특징은 객관적인 통계상 특징이다.

생활방식의 특징은 삶의 구체적인 동선에서 나타나는 욕구와 필요를 읽을 수 있는 과정이다. 힐머니 할아버지를 떠올리면 일반적인 삶의 동선이 일단 자녀와 함께 살거나, 자녀와 가까운 곳에 살고 있다. 농사를 짓기 위해 고향에 머물고 있는 소수를 제외하면 대부분이 그렇다. 건강이 허락되면 손자, 손녀를 봐준다. 비어 있는 시간에는 노인정에 가거나, 공원을 산책하는 모습들이 떠오른다. 젊어서 고생을 많이 해 병원에 들렀다가, 며느리 전화를 받고 어린이집에 손녀를 찾으러가는 모습도 어렴풋이 그려진다.

다른 한편으로 경제력을 갖춘 신세대 어른들은 일단 운전면허를 가지고 있고, 자신의 차를 몰고 마트에 간다. 이들은 출가한 자녀들과 함께 살지 않는다. 자녀들과 떨어져 수도권 근처 도시에 산다. 차를 몰고 마트에 가는데 가는 길에 동물병원과 애견숍에도 들른다. 강아지 미용이 있는 날이다. 애완동물을 키우는 것도 이들에게는 자연스럽다. 강아지를 맡겨놓는 동안 쇼핑을 마치고 차에 짐을 실어 놓은 뒤, 커피숍에서 여유롭게 스마트폰을 사용하며 평생 누리지 못한 여유를 천천히 누린다. 해가 질 무렵 며느리의 부탁전화를 받고 어린이집으로 달려가지도 않는다. 이들은 로맨스에 솔직하고, 자녀에게 의존하지 않으며 적극적으로 소비한다. SNS를 사용하고 여가를 누리며, 자녀로부터 독립해서 생활한다. 이런 생활 속에서 느끼는 욕구는 무엇일까.

'건강하고 싶다. 소비하고 싶다. 즐기고 싶다. 여행하고 싶다. 독립하고 싶다. 사랑하고 싶다.' 이런 느낌 아닐까? 이제 남는 것은 시장의 반응이다. 이러한 필요들에 직업은 반응한다.

고객 관찰에 대한 직업의 반응

= 직업의 내용 변화 or 새로운 직업 창조

일반적인 반응은 직업의 내적인 내용 변화이다. 그리고 때로는 새로운 직업을 만들어내기도 한다. 기존에 있던 서비스 기업들은 노인들의 필요에 맞는 서비스를 만든다. 직업의 내적 변화이다. 다양한 건강 관련 보험 상품, 노인 주치의 서비스를 출시한다. 실버세대의 이혼과 재혼 서비스, 노후 재무 서비스, 실버 여행 상품, 실버 주거 문화 서비스, 반려동물 서비스 등이 나온다. 여기까지는 그래도 예측 가능한 버전이다. 하지만 필요에 대한 반응이 새로운 직업의 탄생으로 이어질 수도 있다. 적어도 현재와 미래는 이러한 일이 더욱 익숙해질 것으로 보인다.

사업화 과정에 꼭 필요한 체크리스트

아이디어가 떠올랐다고 모든 게 사업으로 이어질 수는 없다. 무턱대고 그렇게 해서도 안 된다. 돌다리도 두드려보며 지나듯 사업화하기 전에 필요한 일들이 있다. 이미 창업한 사례가 있거나 상품이 나와 있거나 생각한 타깃 고객이 너무 소수이거나 정부 규제가 있는 경우가 발생할 수 있기 때문이다.

아무리 좋은 아이디어라고 하더라도 구체화해서 사업화할 때는 좀 더 정교함이 필요하다. 《에디슨 법칙》에 나온 전구 발명에 대한 일화를 살펴보자.

1954년 하인리히 괴벨은 전구를 만들었다. 자신이 만든 전구로 상점의 불을 밝히는 데 성공했다. 전구 발명에 대한 이견이 분분하지만, 확실한 건 당시 괴벨의 전구는 사람들에게 널리 알려지거나 보급되지 못했다는 사실이다. 왜냐하면 괴벨이 전구를 발명했지만, 이것을 사용하려면 배터리를 구해야 했다. 당시 배터리는 성능이 불안정했고 결정적으로 매우 무거웠다. 이런저런 한계에 부딪친 것이다. 하지만 이후 에디슨은 전구를 만들 때, 괴벨과 근본적인 차이점을 보였다. 전구 아이디어를 꺼낼 때, 아예 처음부터 불을 밝히는 데 필요한 시스템까지 생각했다. 발전기, 배선, 스위치, 안전장치를 함께 구상했고, 심지어 전기를 얼마나 썼는지 측정할 수 있는 계량기까지 고안했다. 계량기가 있어야 양을 확인하고 그에 따른 비용을 받을 수 있다는 점까지 감안한 에디슨은 뛰어난 사업 감각을 가졌던 것이다.

현대적인 시각으로 볼 때 에디슨적 사고는 흥미롭다. 전구 하나 만들어내기도 쉽지 않을 텐데 이 사람의 상상은 상당히 멀리까지 간다. 전구를 사업화하기 위해 필요한 투자, 가격정책, 판매전략, 마케팅, 발전기, 생산 공장 등을 미리 설계했다. 한마디로 하면 비즈니스모델을 만든 것이다. 아이디어를 떠올렸다면 일단 시장조사가 필요하다. '체크리스트'를 만들어보자.

□ 핵심 고객이 실제로 있을까? 얼마나 있을까?

□ 지속적으로 성장이 가능한 사업일까? 솔직히 말하면 지속적으로 수익
  이 날까?

□ 기존에 이미 있는 기술, 제품, 서비스는 아닌가?

□ 이미 누군가 창업 아이디어로 구체화하지 않았을까?

□ 우리와 똑같은 제품을 다루는 직접 경쟁자가 있는가?

□ 우리와 유사한 제품을 만드는 간접 경쟁자가 있는가?

□ 그런 제품이 없더라도 고객이 선택할 수 있는 대체재가 있는가?

□ 만약 그렇다면 경쟁을 넘어설 만한 차별화는 무엇인가?

□ 혹시 정부 정책이 우리의 사업에 어떤 영향을 미칠 수 있는가?

□ 관련 규제 때문에 사업이 막힐 가능성은 없는가?

□ 우리 사업이 글로벌 시장으로 확장될 가능성은 있는가?

□ 해외 진출 측면에서 경쟁자를 포함한 장애물은 무엇인가?

□ 아이디어를 사업설계로 구체화하기 전에 더 살필 것은 정말 없을까?

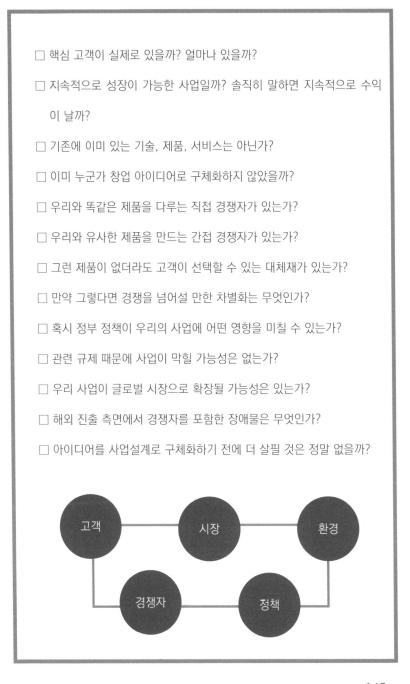

체크리스트를 만들어 시장조사를 꼼꼼히 한다면 실패나 위험을 줄일 수 있다. 전 세계적으로 창업의 시대라 할 만큼 수많은 창업이 일어나고 있다. 성공 신화의 주인공이 되기도 하지만 소리 소문 없이 사라지는 스타트업도 많다. 실패한 이유를 살펴보면 반면교사가 될 수 있을 것이다. 미국 Chubbybrain.com에서 발표한 〈스타트업이 망하는 20가지 이유Top 20 Reasons Start ups Fail〉를 살펴보면 다음과 같다.

① 고객 무시, ② 시장성 없음, ③ 올바르지 않은 팀, ④ 형편없는 마케팅, ⑤ 자금 탕진, ⑥ 비즈니스모델 부재, ⑦ 제품 적시성 확보 실패, ⑧ 부족한 창업자의 열정(비전), ⑨ 잘못된 중심축으로 인한 실패, ⑩ 질 낮은 제품/서비스, ⑪ 가격 정책 실패, ⑫ 네트워크를 사용하지 않음, ⑬ 팀의 부조화, ⑭ 집중력 실패, ⑮ 수익 창출이 안 됨, ⑯ 예산 낭비, ⑰ 자금 소요(계획) 실패, ⑱ 나쁜 지리적 조건, ⑲ 책임감 부족, ⑳ 적시성 부재

첫 번째 실패 요인이 바로 고객 무시다. 스타트업 창업자들 상당수가 그들이 만든 제품과 서비스가 고객에게 제공되는 '효용성Benefit'보다는 그들이 만들고자 하는 제품과 서비스 아이템과 콘셉트에 너무 몰입해 고객이 무엇을 원하는지를 살피지 못한다. 고객이 원하는 제품이나 서비스를 제공하는 것이 아니라, 그들이 제공

하고 싶은 제품이나 서비스를 만들어 고객에게 팔려고 노력했다는 것이다. 두 번째 요인 또한 이와 무관하지 않다. 세 번째 요인은 다소 의외다. 창업을 일구는 팀의 최적화가 부족했다는 점이다. 8위나 19위도 팀워크에 해당하는 부분이다. 핵심은 창업의 관점 자체를 철저하게 고객과 시장에 맞추지 않으면 실패할 수 있다는 점이다.

스타트업과 소기업을 위한 온라인 뉴스 매체인 YFS 매거진의 창업자 에리카 니콜Erica Nicole은 사람들이 잘 언급하지 않지만 스타트업이 망하는 진짜 이유 5가지를 들었다.

1. 고된 노력보다는 대박 환상에 빠져 있다.
2. 잘못된 아이디어에 집착, 방향 전환을 못 한다.
3. 모든 이들을 다 만족시키려 욕심낸다.
4. 실패를 통해 배우려 하지 않는다.
5. 너무 서두른다(걷기도 전에 뛰려 한다).

〈머니투데이〉의 분석 기사에 따르면, 2011년 3200개 스타트업을 대상으로 한 스타트업 게놈 프로젝트Startup Genome Project의 조사에서 실패한 스타트업 가운데 70퍼센트가 시기상조 때문인 것으로 나타났다. 여기서 시기상조라 함은 예를 들어 이용자 확충에 너무 빨리 너무 많은 돈을 쓰거나, 혹은 너무 많은 직원을 시기적으로 앞

147

서 고용하거나, 너무 빨리 너무 많은 자본을 투자받는 것 등이 모두 해당된다. 이를 바탕으로 사업 실행 단계에서 필요한 체크리스트를 만들어보자.

□ 사업아이디어를 활용하여 수익을 창출한다는 목표가 뚜렷한가?

□ 우리의 고객은 누구인가? 그들에게 어떤 가치를 제공할 것인가?

□ 정말 고객이 구입하고 싶은 기술, 제품, 서비스라고 여길 근거가 있는가?

□ 누구와 함께 팀을 꾸릴 것인가? 네트워크가 있는가?

□ 시장 규모와 성장 가능성은 충분한가?

□ 자금은 얼마나 필요한가?

□ 필요한 자금은 어떻게 마련할 것인가?

□ 제품 생산은 어떻게 할 것인가?

□ 판매를 위한 마케팅은 어떻게 할 것인가?

□ 사업을 어떤 일정으로 추진할 것인가?

비즈니스모델이란 무엇인가

창업 아이디어 그 자체는 아직 세공되지 않은 보석 혹은 바위 속에 감춰진 보석이다. 가공되지 않은 다이아몬드와 같다. 아이디어만으로는 수익을 만들지 못한다. 수익을 창출하기 위해서는 창업 아이디어를 가지고 사업화할 수 있는지를 검토해야 한다. 이를 비

148

즈니스모델이라고 부른다. 이 용어는 확정된 것이 아니라 계속 새롭게 정의되는 개념이다. 왜냐하면 시장과 시대와 고객이 변하기 때문이다. 경제 분야의 특성이 그렇다. 수익을 창출하기 위해서 사업을 영위하는 방식이라고도 하고, 다양한 사업 참여자와 그들의 역할을 포함하는 제품, 서비스, 정보 흐름의 구조이며, 다양한 참여자들의 잠재적 이익과 수익 원천을 설명해주는 청사진이라고도 한다. 다양한 전문가들이 각각의 정의를 내리고 있는데 키워드를 도출해 정리해보면 비즈니스모델이란 사업 아이디어를 바탕으로 어떤 시장에서 누구를 위해 무엇을 제공하여 어떻게 수익을 창출할 것인지 흐름을 보는 청사진이라고 할 수 있다.

비즈니스모델에 대한 연구는 다양한 전문가들에 의해 진행되어 왔다. 다양한 의견이 있지만 경쟁력 있는 비즈니스모델이 되려면 크게 2가지가 강조된다. '경쟁력과 지속성'이다. 경쟁력이 있으려면 고객의 관점에서 문제를 해결하고 니즈를 충족시킬 수 있는 해결방안이 나와야 한다. 이를 '명확한 가치제안'이라는 용어로 표현한다. 경쟁력 요소를 위해 또 한 가지 필요한 것이 있는데 바로 수익을 내는 구조를 가지고 있어야 한다는 것이다. 이를 '수익 메커니즘'이라고 표현한다.

지속성을 위해서는 일단 시스템이 필요하다. 급변하는 시장과 고객의 가치에 기업이 신속하게 대응하는 효율성의 시스템이다. 이를 '선순환 구조'라고 표현한다. 지속성을 위해 필요한 두 번째는 '모방 불가능성'이다. 지속적으로 경쟁우위를 지킬 수 있는 차별화가 필요하다. 이러한 조건들을 '성공적인 비즈니스모델의 4가지 조건' 이라고 부른다.

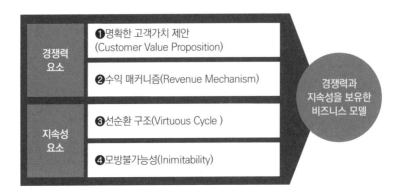

비즈니스모델의 개념을 일정 흐름에 맞춰 정리한 후 경쟁력 조건 까지 포함하여 하나의 프로세스를 만들어볼 필요가 있다. 물론 전 혀 새로운 것은 아니다. 앞서 정리한 내용을 순서대로 이어보면 된 다. 사업 아이디어를 바탕으로, 어떤 시장에서, 누구를 위해, 무엇 을 제공하여, 어떻게 수익을 창출할 것인지 흐름을 볼 수 있는 청사 진이다. 삼성경제연구소에서 비즈니스 구성요소에 흐름을 포함하 여 구조화한 내용을 소개한다. 먼저 가치 제안을 시작으로, 목표 고 객을 정하고, 그 가치를 창출하는 방법을 꺼낸 뒤, 그 가치를 어떻 게 고객에게 전달할 것인지를 설계한다. 마지막으로 이 모든 결과 가 기업의 수익으로 창출되는지 살펴보는 것이다.

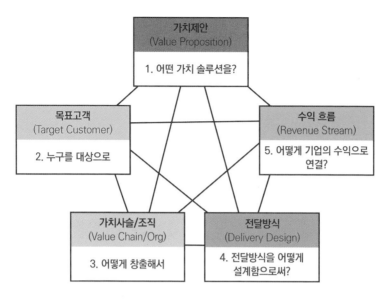

비즈니스모델의 구성요소. 성공적인 비즈니스모델의 조건 (SERI경영노트 참조)

지금까지 기업가정신을 가지고 일상과 세상을 관찰하고, 그 속에서 변화를 찾아냈다. 그 변화에서 기회를 포착하여 창의적 아이디어로 확장하는 방법까지 알아보았다. 사업화하기 위한 아이디어의 구체화 단계를 거치면서 눈앞에 다가온 4차 산업혁명을 보다 긍정적으로 바라볼 수 있게 되었을 거라고 기대한다. 불안하고 불확실한 미래이지만 위기가 아닌 기회로 받아들이는 마음자세를 가진다면 언제나 길은 열려 있다.

4장

구직할 것인가,
창직할 것인가

FUTURE TALENT

이제 세상은 시스템이 만들어놓은 일자리를 찾기보다 스스로 시스템을 구축하여 일을 만들어내는 시대로 접어들고 있다. 지금 이 순간, 존재하지도 않는 '안정적인 직업'을 찾아 헤매느냐, 자기 자신만의 비즈니스를 구축해 나가느냐에 따라 10년 후의 미래가 달라질 것이다.　　　　　　　　　　－테일러 피어슨,《직업의 종말》

FUTURE   TALENT

직職보다는 업業을 찾는 시대

다음 질문에 간단하게 답변해보자.

1. 한 사람이 평생 몇 개의 직업을 갖게 될 것이라고 예상하는가?

2. 희망하는 직업 1순위와 2순위는 무엇인가?

3. 한 사람은 평균 몇 번의 이직이나 전직을 할까?

4. 10~15년 후에는 1인당 평균 몇 개의 직업을 가지게 될까?

잡코리아의 조사 결과에 따르면 평생 몇 개의 직업을 갖게 될 것인가를 예상하느냐는 질문에 1개라고 답한 사람은 6.7퍼센트이다. 2개라고 답한 응답자는 28.5퍼센트이다. 3개라고 답한 사람은 35.3퍼센트이다. 목표로 하는 두 번째 직업이 있느냐는 질문에는 82.1퍼센트가 다음 직업을 꿈꾸는 것으로 나타났다. 현재 직장을 다니고 있으면서 두 번째 혹은 세 번째 직업을 준비하고 있느냐는 질문에는 62퍼센트가 그렇다고 답했다. 미국의 경제학자 해리 덴트의 《직업혁명Job shock》에 따르면 한 사람이 평생 5~6개의 직업을 가지며, 평균 11번 직장을 이직하거나 전직한다고 소개되어 있다. 10~15년 후에는 1인당 평균 30~40개의 직업을 가지게 될 것이라는 발표도 있다.

알아채고 미처 준비하기도 전에 변화는 갑작스럽게 우리의 삶을 뒤흔들고 있다. 60세 정년은 옛말이 되었고, 50세 은퇴가 등장했으며, 40세 명퇴가 나타났고, 심지어 이제는 30세 조퇴가 생겼다. 늦은 입사와 동시에 희망퇴직 대상자에 오른 것이다.

무엇을 하며 살 것인가

수명이 길어지고 일을 해야 하는 시기도 길어졌는데 회사를 나와야 하는 나이는 점점 빨라지고 있는 것이다. 2모작, 3모작을 준비하지 않을 수 없는 이유다. 이제 우리는 평생 무엇을 하며 살아야 하는지를 고민해야 한다. 이것은 비단 명퇴를 앞둔 가장의 문제만이 아니라 지금 사회로 진출하기 위해 준비하는 대학생들에게는 더 절실하다. 과거보다 변화는 빛의 속도로 빨라져 평생 변화를 일상으로 받아들여야 하는 운명이다.

어떻게 살 것인가. 무엇을 준비할 것인가. 여유 있게 변화를 주도하며 자신만의 길을 묵묵히 만들어가는 사람들은 도대체 어떤 준비를 했던 것일까. 결과적으로 우리가 추구하는 큰 정신은 바로 기업가정신이다. 기업가정신을 이루는 근간이 되는 자신만의 분야가 필요하다. 자신의 분야를 명확하게 가지고 있는 사람은 직職과 장場을 찾아 정처 없이 떠돌지 않고, 자신의 업業을 기초로 살아간다. 이것이 기업가정신을 더욱 튼튼하게 만드는 기초이다. 기차를 달리게 하는 견고한 철로이며, 하늘의 연을 더욱 자유롭게 하는 연줄이 되는 것이다.

《스토리가 스펙을 이긴다》에서 소개된 내용인데, 한 일간지에서 직장인들에게 '다시 대학생으로 돌아갈 수 있다면'이란 주제로 설문조사한 결과를 발표한 적이 있다. '다시 열심히 공부하고 싶다.', '스펙을 철저히 만들겠다.' 하는 답변이 예상되지 않은가? 그러나 결과는 의외였다. 응답자의 41퍼센트가 뽑은 1위는 "대학생으로 돌아가면 적성부터 찾고 싶다."였다. 또한 '후배들에게 조언해주고 싶은 말' 가운데 가장 많이 나온 것은 "적성을 모르면 후회하니 자신이 잘하는 게 무엇인지부터 찾아가라."였다. 직장인을 대상으로 한 설문이라는 점을 감안할 때 다시 기회가 주어진다면 좀 더 신중하게 적성을 파악하고 진로를 탐색해보겠다는 이들의 답변은 무엇을 의미할까? 또한 후배들에게 '후회하지 말고 자신이 잘하는 분야를 찾아가라.'고 말한 이유는 무엇일까?

우리가 흔히 '직업'이라 부르는 것을 '직'과 '업'으로 나눠 생각해 볼 필요가 있다. '직'은 영어로 'Occupation'이라 할 수 있다. 내가 점유하고 있는 직장 내에서의 담당 업무를 뜻한다. '직'은 내가 누군가로 쉽게 대체가 가능하다. 시간이 갈수록 더 젊고, 매력적이고, 재능 있는 친구들이 직장 밖에서 그 자리를 노리기 때문이다. 긴 휴가를 떠나거나 병가를 낼 때 '책상이 그대로 남아 있을까?'라고 염려한다면 그것은 분명 '직'과 관련한 걱정이다. 하지만 열과 성을 다해 지켜냈던 '직'도 결국은 퇴직으로 끝난다. 그나마 정년퇴직이면 좋겠지만 요즘은 '명예'라는 탈을 쓴 강제 퇴직이 대세이다. '업'은 영어로 'Vocation'이라 할 수 있는데, '평생을 두고 내가 매진하는 주제'를 뜻한다. 흔히 '내가 평생 가져갈 업이야'라는 표현으로 자주 쓰인다. 나의 존재와 삶과 떼려야 뗄 수 없는 무언가를 의미한다. 업은 쉽게 누군가로 대체가 어렵다. 나이가 들면 오히려 연륜이 쌓인다. 때문에 업은 장인Mastership과 연결된다.

우리가 먼저 파악해야 하는 것이 바로 이 '업'이다. 평생 가져갈 주제가 무엇인지도 모르고 덜컥 잡아버린 직은 오히려 업을 방해하는 덫이 될 수도 있다. '나는 어디에서 일하고 싶지?'가 아니라 '나는 무슨 일을 하고 싶지?'라고 먼저 묻고 고민해야 한다. 업을 아는 것이야말로 취업의 가장 빠른 지름길이다. 업이 없으면 그저 세상이 말하는 성공의 기준을 따라갈 수밖에 없다. 내가 추구해야 할 것, 내가 '직'이라는 구체적인 방법을 통해 평생 매진할 주제를 깨닫지 못한다면, 아무리 좋은 직도 무료하고 의미를 찾을 수가 없다. 자신의 업을 발견하지 못했기에, 이력서에는 차별점이라고는 도무지 찾을 수 없는 스펙들이 넘쳐난다. 업과 관련이 없기에 인사담당자들은 그들의 입사원서를 선택하지 않는다.

적성은 재능에서, 재능은 흥미에서

자신만의 업을 찾기 위해서는 자신의 적성을 찾아야 한다. 적성을 찾기 위해서는 적성의 개념을 명확하게 이해할 필요가 있다. 적성의 개념을 이해하기 위해서 먼저 혼용되고 있는 몇 개의 단어들과 함께 의미 분리를 시도하려 한다. 소질, 적성, 재능, 능력, 역량이다. 소질이 적성인 것 같고, 적성이 재능인 것 같기도 하며, 때로 재능과 능력, 역량을 섞어서 사용하기도 한다. 소질은 타고난 성질과 바탕을 말한다. 여기에는 기질, 성격 유형 그리고 지능도 포함된다. 지능은 과거 지적 지능을 말하던 때가 있었지만 지금은 8가지 다중지능의 다면적 구성을 말하는 경우가 대부분이다. 즉 소질은 타고난 바탕을 말하는 것인데, 바로 이러한 소질의 항목 중에 유독 잘하는 영역이 있다. 이를 재능이라 한다. 재능은 검사를 통해 확인하기도 하지만 더 좋은 방법은 경험과 활동을 통해 확인하는 것이다.

재능에서 좀 더 구체적인 능력이 도출된다. 예를 들어 타고난 지능 중에 언어지능이 재능 군에 속한다면 능력은 구체적인 말하기, 설명하기, 글쓰기 등의 기준을 말하는 것이다. 능력은 반복적인 경험에 노출되어 검증된 재능이다. 이렇게 살핀 재능과 능력이 바로 타고난 소질과 구분되는 적성이다. 적성은 타고난 영역을 실제로 살아가는 동안의 '일'에 적합한지 가능성을 확인하는 개념이다. 타고난 것(소질)을 일에 대한 가능성(적성)으로 검증하는 것이다. 이렇게 해서 확인한 적성 중에 실제 직업 현장에서 실제적인 성과를 내는 항목을 바로 '역량'이라고 한다. 그래서 역량의 사전적 정의는 '타고난 재능과 세부 능력을 발휘하여 직업에서 성과를 내는 능력' 이라고 한다. 예를 들어, 한 아이가 언어지능을 타고 났고, 언어활동에 재능이 있으며, 실제로 대학을 졸업할 때까지 말하기와 어휘력의 능력을 보였지만, 이후 회사에 가서 발표, 토론, 문서작성을 하지 못하면 역량으로 발전하지는 못한 것이다.

적성을 쉽게 말하면 '잘하는 것'이다. 잘하는 것은 주로 '좋아하는 것' 중에서 나오는 경우가 많다. 좋아하는 것과 잘하는 것을 우리는 간단히 흥미와 재능이라고 한다. 그래서 국가 차원에서 제시하는 진로심리 검사에서는 '직업흥미유형 검사'와 '직업적성 검사'가 동시에 존재한다. 흥미 유형의 결과는 주로 6가지로 현장형, 탐구형, 예술형, 사회형, 진취형(기업형), 관습형(사무형)이다. 적성 유형은 신체운동, 자연친화, 공간지각, 언어, 자기성찰, 음악, 논리수학, 인간친화의 8가지를 주로 말한다. 흥미 유형을 쉽게 말해 개발자의 이름을 따서 '홀랜드 및 스트롱 유형'이라고도 한다. 적성 유형은 흔히 다중지능이라고 하며 그 이름을 딴 검사가 있다. 그런데 8가지 다중지능으로 확인하는 적성은 종종 10가지 이상으로 확장된다. 잘하는 것을 확인하는 것이기에 세부 확장이 가능하다.

예를 들어, 성인용 직업적성 검사 항목은 언어력, 수리력, 추리력, 공간지각력, 사물지각력, 상황판단력, 기계능력, 집중력, 색채지각력, 사고유창성, 협응능력이다. 8가지 다중지능의 적성과 내용적으로 대부분 매칭이 되고 몇 가지가 추가된 것이다.

한번은 자신이 좋아하고 잘하는 분야를 찾아 자동차 분야에 입사한 사람들을 멘토링 교육 현장에서 만날 수 있었다. 그런데 그 기업 안에 다양한 분야에 종사하는 사람들에게서 어떤 특징을 찾을 수 있었다. 일단 그들은 자동차를 정말 좋아하고, 자동차 관련 일을 업으로 삼아 평생 하고 싶은 사람들이 분명했다. 어떤 사람은 주로 엔지니어링 파트에서 일하고 어떤 사람들은 자동차 디자인 분야에서 일한다. 또 어떤 이는 고객을 만나 차를 판매하는 일을 하고, 때로는 자신이 현재 정비 쪽 일을 하는데, 영업 분야로 옮겨달라고 희망하기도 한다. 어떤 이는 자동차 분야 안에서도 연구를 하고 또 어떤 이는 관리하고 경영한다.

당시 그 자동차 기업의 직원들을 멘토링 강의로 두루 만나면서 그 특징을 정리해 보았다. 그리고 그런 특징을 살려, 그 기업이 추진하는 고등학교 자동차학과 학생들을 위한 기업의 사회공헌활동 멘토링을 진행하였다. 당시 그 기업은 글로벌 자동차 기업이면서 국내에서도 판매 비중이 높은 브랜드였다. 자동차 분야 꿈을 가진 글로벌 인재들이 모여 각자 자신의 흥미 유형에 맞는 직무를 찾아 일하고 있었다. 그때 직무별 현장 직업인들의 인터뷰 결과를 정리하면 다음과 같다.

6가지 유형	일반 특징	일반 조직업무	자동차 분야와 직무	현장 직업인의 특징
실재형 (R)	신체나 도구를 사용하여 일하는 것을 좋아한다. 물건을 수리하거나 만드는 것, 기술과 정비 등을 좋아한다.	판매, 영업, 현장 파견, 경영 지원, 고객관리	자동차 정비,자동차 수리, 자동차 설계, 부품개발, 엔진 관련, 도장, 정비검사, 기기검사 등	자동차뿐 아니라 전기 전자 등에 대한 기초지식을 알고 있다. 자동차 공정의 절차와 작업순서에 대한 지식이 탁월하다. 논리적인 사고력을 갖추고 있으며, 꼼꼼함과 책임의식이 투철하다. 안전수칙이나 정비지침에 관심이 많다.
탐구형 (I)	그 분야 안에서 학문적인 탐구를 좋아한다. 논리적이고 분석적으로 연구하여 그 결과로 기술을 개발하거나 설계한다.	연구 부서, 기술 개발, 제품개발	공학 연구, 자동차 설계, 자동차와 환경 연계 연구, 신차프로젝트, 기술개발, 경쟁상품 분석, 성능실험 등	새로운 기술을 향한 호기심과 탐구성향이 강하다. 설계이론이나 도면작성의 몰입력이 뛰어나다. 자동차의 구조역학적인 기초지식 갖추고 있다. 시험과 계측장비 등을 능숙하게 다룬다.
예술형 (A)	상상력이 풍부 기존에 없던 새로운 것을 만들어내기 좋아한다. 자신만의 방법을 늘 찾아가고 틀에 매이는 것보다는 자유로움이 좋다.	디자인, 마케팅, 카피라이팅, 인테리어, 사보제작, 홍보	자동차 디자인, 부품 디자인, 운전자 중심 기기설계, 자동차 광고디자인, 자동차 설계, 자동차 마케팅, 대리점 인테리어, 환경 디자인, 서비스 경험 디자인 등	자동차 분야 트렌드에 민감하다. 최고의 디자인을 만들기 위해 몰입한다. 창조적이고 발상의 전환이 수월하다. 자신의 제안내용을 시각화할 수 있다. 3D프로그램과 디자인 소프트웨어 활용에 능숙하다. 아이디어를 틈틈이 기록한다.
사회형 (S)	사람들과 함께 일하는 것을 좋아한다. 다른 사람을 가르치는 일을 행복해한다. 자신의 도움이 필요한 사람을 돕고 싶다.	영업, 마케팅, 인사, 사내교육, 친교문화	자동차 분야 사회공헌, 자동차 딜러, 자동차 영업 관리, 고객상담, 고객만족도 조사, 자동차 보험 서비스 등	자동차 관련 분야에서도 소통중심의 인재이다. 제품을 설명하고 홍보하며 판매하는 능력이 뛰어나다. 고객들의 마음을 이해하며, 불편함을 줄여준다. 홍보, 서비스, 보험 등 분야에 강하다.

진취형 (E)	언어적 표현을 통해 다른 사람을 통해 이끌고, 목표달성에 관심이 많다. 타인을 지도, 관리하여 조직에 기여하게 만든다.	조직 전략, 기획, 사내 행사, 경영, 인사	대리점주, 영업점관리, 판매실적관리, 지역관리자, 사업장 관리, 정비센터 관리, 해외 시장 개척,	개발, 제작, 생산, 판매 등의 목표를 세우고 과정을 관리하여 성과를 내는 것에 보람을 느낀다. 팀원보다는 팀장으로 일하는 것이 행복하다. 지역이나 지사 혹은 대리점을 직접 관리할 수 있다. 자동차 분야 전 과정의 지식을 두루 이해하고 있다.
사무형 (C)	체계적이며, 구체적인 정보를 바탕으로 정확하게 일하는 것을 좋아한다. 숫자 사용하기를 선호하고 보고서를 잘 쓴다.	사무직, 고객관리, 회계	판매실적관리, 홈페이지, 부품체계관리, 문서관리, 보험 서비스 고객관리, 자동차 보험 수리 견적 관리, 경영지원 등	자동차 분야 전 공정의 어느 분야에 있더라도 체계적이고 꼼꼼함을 인정받는다. 설계하는 사람, 알리는 사람, 판매하는 사람들이 만든 결과들을 보관하고 관리한다. 숫자에 강하고, 많은 데이터를 분석하여 필요한 정보로 가공하는 일에 탁월하다. 고객유형을 분류, 관리하는 데에 기여한다.

창업을 꿈꾼다면 창업 적성부터

'업'을 찾기 위한 적성 검사에 직업 적성만 있는 것이 아니다. 자신이 잘하는 것과 좋아하는 것을 찾기 위해 직업 적성을 확인하는 것처럼 창업을 하고자 하는 이들에게 창업 가능성을 찾을 수 있도록 창업 적성 검사가 있다. 창업의 분야 탐색을 돕고, 세부적인 창업 역량도 확인할 수 있는 검사이다. 이는 창업적성 초기검사로서, 창업 그 자체를 할 수 있는가에 대한 역량검사에 가깝다.

아래 창업 진단의 12개 역량 그래프를 보고, 각 의미를 읽은 뒤 주관적으로 10점 척도의 점수를 주어 그래프를 그려보자.

- 사업지향성: 자신이 참여할 혹은 참여하고자 하는 사업 관련 분야에 호기심과 관심을 가지고 다양한 경험과 전문지식을 습

득하고자 노력하는 정도.

- 문제해결: 직면한 문제에 대해 분석적 혹은 창의적 대안을 제안하는 것.

- 효율적 처리: 최소의 시간, 비용, 노력을 통해 최대의 수행 효과를 내는 것.

- 주도성: 독립성이 강하며 일을 스스로 적극적, 능동적으로 수행하여 완료시키려는 경향.

- 자신감: 자신의 주관대로 일을 처리하며 성공에 대해 강한 의지를 갖고 있으며 확신하고 있는 정도.

- 목표 설정: 과거 경험과 현재 상황을 바탕으로 미래를 위해 가장 중요한 일이 무엇인지를 선택하고 체계화하여 목표를 세우고 실천에 옮기는 것.

- 설득력: 제품, 서비스, 회사의 장점 및 목표에 대해 주장하여, 다른 사람을 설득하는 것에 관한 것.

- 대인관계: 타인과의 관계를 중시하며, 다양한 인간관계를 유지할 수 있는 능력.

- 자기계발 노력: 자신의 한계를 인식하고, 현재의 성공에 만족하지 않으며 자신의 능력을 향상시키는 노력.

- 책임 감수: 자신과 관련한 일들의 실패와 성공 모두가 자신의 통제와 영향력 하에 있다고 믿는 것.

- 업무 완결성: 어려움이 있어도 포기하지 않고 업무를 완수하기

위해 밀고 나가는 것.

- 성실성: 부지런히 생활을 유지하고, 자신의 일을 꾸준히 하는 것.

10												
9												
8												
7												
6												
5												
4												
3												
2												
1												
	사업 지향	문제 해결	효율 처리	주도성	자신감	목표 설정	설득력	대인 관계	자기 계발	책임 감수	업무 완결	성실성

무엇을 위해 일하는가

'직'보다 '업'을 찾기 위해 필요한 것이 또 있다. 바로 '가치'이다. 2004년과 2014년에 직업을 선택할 때 어떤 가치를 중요시하는지를 물었다. 과연 10년 사이 어떤 변화가 있었을까? 2004년에는 성취, 몸과 마음의 여유, 직업 안정성이 상위에 올랐다. 2014년에는 직업 안정성, 몸과 마음의 여유, 성취 순으로 순서가 바뀌었다. 2015년 직업가치관 순위는 몸과 마음의 여유, 직업 안정성, 성취 순이었다. 10대 20대의 직업가치관 1위는 몸과 마음의 여유, 30대 40대 직업가치관 1위는 직업 안정성으로 나타났다. 지금은 더욱 그러한 경향이 확산되고 있다. '워라밸'이라는 말이 유행하는 것도 같은 이유다. 워라밸은 일과 삶의 균형이라는 뜻으로 'Work and Life Balance'의 준말이다.

근로자 **직업가치관** 순위 변화

2004	2014	순위
		1
		2
		3
지식추구	금전적 보상	4
인정	인정	5
자율	지식추구	6
금전적 보상	자율	7
변화지향	영향력 발휘	8
영향력 발휘	변화지향	9
봉사	실내활동	10
애국	봉사	11
실내활동	개별활동	12
개별활동	애국	13

자료/ 한국고용정보원   연합뉴스

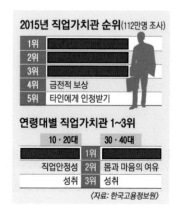

2015년 직업가치관 순위 (112만명 조사)

순위	가치관
1위	
2위	
3위	
4위	금전적 보상
5위	타인에게 인정받기

연령대별 직업가치관 1~3위

10 · 20대		30 · 40대
	1위	
직업안정성	2위	몸과 마음의 여유
성취	3위	성취

〈자료: 한국고용정보원〉

자, 여러분은 일을 통해 어떤 가치를 추구하는가? 자신의 흥미와 적성을 알고 일하고 싶은 분야의 가능성을 찾았다면, 여기에 한 가지 더, 중요하게 생각하는 가치가 무엇인지를 확인하는 작업이 필요하다. 바로 직업가치관이다. 《일이 사람을 만든다》를 쓴 고세키 도모히로는 "사람은 일을 하며 자아를 찾아간다. 일이 인격을 형성한다는 말은 과장이다. 그러나 어떤 일을 해왔는지를 보면 그 사람을 알 수 있다."고 했다. 삶에서 일은 중요한 부분을 차지한다. 일을 통해 자신이 무엇을 추구할 것인지를 진지하게 찾아보자. 13가지 직업가치관의 항목을 소개한다.

1. 성취: 자신이 스스로 목표를 세우고 이를 달성함.

2. 봉사: 남을 위해 일함.

3. 개별 활동: 여러 사람과 어울려 일하기보다는 혼자 일하는 것을 중시함.

4. 직업 안정성: 직업에서 얼마나 오랫동안 안정적으로 종사할 수 있는지를 중시.

5. 변화 지향 : 업무가 고정되어 있지 않고 변화 가능함.

6. 몸과 마음의 여유: 마음과 신체적인 여유를 가질 수 있는 업무나 직업을 중시.

7. 영향력 발휘: 타인에 대해 영향력을 발휘하는 것을 중시.

8. 지식 추구: 새로운 지식을 얻는 것을 중시.

9. 애국: 국가를 위해 도움이 되는 것을 중시.

10 .자율성: 자율적으로 업무를 해나가는 것을 중시.

11. 금전적 보상: 금전적 보상을 중시.

12. 인정: 타인으로부터 인정받는 것을 중시.

13. 실내 활동: 신체 활동을 덜 요구하는 업무나 직업을 중시.

일은 시간으로나 내용으로나 인생에서 중요한 부분을 차지한다. 당장의 초조함과 생존 때문에 자기 탐색 없이 섣불리 일에 뛰어드는 것은 위험하다. 어렵게 취업한 회사에서 얼마 지나지 않아 회사를 그만두는 경우가 많은 이유다. 천천히 단계를 밟으며 나의 적성과 흥미가 어디에 있는지, 나만이 할 수 있는 일은 무엇인지 파악하는 과정을 거치지 않았기 때문이다.

FUTURE + TALENT

변화를 알면
준비할 수 있다

앞서 관찰을 통해 변화를 찾는 방법을 살펴보았다. 미래 직업은 어떠한 변화를 앞두고 있을까? 직업의 변화를 알고 싶다면 3가지 단계를 거친다. 1단계는 다양한 미래 변화 변수 속에서 긍정적인 변화를 찾아보는 것이다. 2단계는 이러한 변화를 통해 일어나는 직업의 내적 변화, 외적 변화를 파악하는 것이다. 마지막 3단계는 이러한 내적, 외적 변화를 위해 지금 현재 무엇을 준비할 것인가이다. 더 정확하게 표현하면 어떤 역량을 키워야 하는지에 대해서다. 예를 들어 교육 분야의 미래 변화를 통해 어떤 준비가 필요한지 알아보자.

- 원격교육에 대비하여: 화상수업 역량, LMS 사용능력 준비
- 학생 개별 맞춤교육 시스템에 대비하여: 학생 개별 관리능력 준비
- 홈스쿨, 네트워크 수업에 대비하여: 자기주도학습 역량 준비
- 고급 코칭이 가능한 교육에 대비하여: 티칭과 코칭 능력 준비
- 학습 코디네이터 등장에 대비하여: 컨설팅과 멘토링 능력 준비
- 국가 인정 홈스쿨 등장에 대비하여: 선진국 홈스쿨 제도 연구 준비
- 생애진로 일대일 코치 등장에 대비하여: 학습 토털 라이선스 준비
- 스마트교육 컨설턴트 등장에 대비하여: 미래교육용 기기 친화력 준비

《인생의 굴곡을 새로운 기회로 살려라》를 쓴 낸시 슐로스버그는 "변화를 어떻게 볼 것인가는 변화에 대처하는 자세를 결정하는 데 무척 중요한 요소다. 변화를 잘 받아들이려면 그것을 좋은 것, 적어도 나쁘지 않은 것으로 보는 편이 훨씬 낫다."고 했다. 미래 변화를 부정적 관점으로 해석하면 그 직업이 사라진다는 불안감에 시달리지만, 긍정적 관점으로 해석하면 이처럼 능동적으로 변화에 대응하고 대비하여 결국 변화를 주도하게 된다. 이 모든 것이 바로 미래 변화에 대한 반응의 차이에서 비롯된다.

1단계 : 어떤 변화가 일어나고, 이로 인한 긍정의 가능성은 무엇

일까?

2단계 : 변화에 대응하기 위해 직업의 내적 변화 또는 직업의 외적 변화는 무엇일까?

3단계 : 변화에 대응하기 위해 나는 지금 꿈과 미래를 위해 어떤 역량을 키울까?

반응의 차이는 단순히 미래 직업 변화를 바라보는 시각에 국한된 특징은 아니다. 한 사람의 시각 전체를 좌우하는 경우가 많다. 다시 말하면, 한 사람이 직업을 바라보는 시각 전체에 긍정과 부정의 차이가 존재한다. 개인의 직업 히스토리 전체를 보았을 때, 모든 과정에 부정적이고 단편적인 시각을 가진 사람이 있는가 하면, 자신의 직업 히스토리 전체를 긍정적으로 여겨 차근차근 변화를 만들어가는 사람이 존재한다. 매우 근본적인 시각 차이가 존재한다. 바로 이러한 시각 차이에서 미래 직업의 변화를 바라보는 관점이 형성된다.

관점의 차이가 노력의 크기를 바꾼다

긍정적인 관점은 긍정적인 변화를 만든다. 여기서의 변화는 구체적인 실천을 동반하는 것이다. 미래 직업의 변화를 긍정적으로 바라본다는 것은 '막연한 낙천주의'를 말하는 것이 아니다.

"뭐 별 일 있겠어? 다 잘될 거야.", "카르페디엠! 지금을 즐겨.",

"미래는 미래의 몫이야. 미래는 아직 오지 않았어!", "미래는 정말 밝을 거야. 직업의 변화를 긍정적으로 생각하면 되는 거야.", "일본을 봐! 잃어버린 10년, 20년을 지나, 지금은 기업이 졸업생을 모셔가잖아."

두려움에 휩싸여 넋 놓고 미래를 맞이하지 말자는 의미이지 무턱대고 긍정하자는 의미는 아니다. 미래를 긍정적으로 바라보고, 직업의 변화를 예측했다면, 이를 위해 필요한 역량을 구체적으로 찾아내어 '지금부터 성실하게 준비하자'는 것이다. 역량을 준비하는 것이다. 변화를 바라보는 사람, 변화를 예측하는 사람은 근본적으로 변화 앞에 남은 시간을 역산하고 남은 시간을 곧 준비의 시간으로 인식한다. 여기서 건강한 긴장감이 발생한다.

'긍정 예측-2가지 변화도출-현재의 준비'를 몸으로 익힌 사람은 삶에 일정한 패턴이 형성된다. 형편이 좋을 때, 여유가 있을 때, 아무 일이 없고 행복하고 평안할 때 더더욱 미래를 살핀다. 현재를 관찰함으로써 미래를 읽고 미래를 읽으면서 변화를 찾아내고 그 긴장감의 틈새에서 '나는 무엇을 준비하면 좋을까'를 습관적으로 본능적으로 찾는다. 해당 기사를 오리거나 스마트폰으로 파일을 찾아 에버노트나 원노트에 옮겨놓는 것이다. 그리고 해당 이슈에 대해 더 자세한 정보를 찾고 자료를 분류 및 저장해놓는다.

이제 남은 것은 '변화의 크기'를 고스란히 '현재 노력의 크기'로 대치하는 것이다. 무엇을 준비하고, 무엇을 노력할 것인가. 가장 기본적으로는 직업의 분야별로 필요한 역량이 있다. 경력이나 경험도 필요하다. 어느 정도 전문적인 테스트를 통과하여 인정을 받는 것도 중요하다. 다른 한편으로 일상의 작은 노력, 소소한 습관 그리고 현재 학교에서 하는 공부도 미래와 관련이 있음을 인정하고 받아들일 필요가 있다. 바로 이러한 모든 것이 미래 변화에 대비하는 가장 기본적인 준비 요소, 역량 준비가 될 수 있다.

무엇을 준비해야 하는가

사회인, 직업인으로서 살아가기 위해 갖추어야 할 가장 기본 지식, 능력, 역량에 대해서 알아보자. 이는 국가에서 공식적으로 분야별 직업 탐색과 분야별 직업 역량 교육 이전 단계에서 제시한 것들이다. 고용정보원의 워크넷 시스템에서는 직업 탐색을 위해 선택할 수 있는 지식과 업무능력을 제시하였고, 국가직무역량시스템에서는 분야별 직업 역량 이전에 모든 것의 기초가 되는 기초 직업능력을 제시했다.

세부적으로 자신이 어떤 지식, 능력이 있는지 목록을 보고, 이후 기초직업능력 테이블에 10점 척도로 자가평가 막대그래프를 그려보자.

직업 탐색에 선택 가능한 지식 목록

경영 및 행정, 사무, 경제와 회계, 영업과 마케팅, 고객서비스, 인사, 상품 제조 및 공정, 식품생산, 컴퓨터와 전자공학, 공학과 기술, 디자인, 건축 및 설계, 산수와 수학, 기계, 물리, 화학, 생물, 심리, 사회와 인류, 지리, 의료, 상담, 교육 및 훈련, 국어, 영어, 예술, 역사, 철학과 신학, 안전과 보안, 법, 통신, 의사소통과 미디어, 운송

직업 탐색에 선택 가능한 업무 수행능력 목록

읽고 이해하기, 듣고 이해하기, 글쓰기, 말하기, 수리력, 논리적 분석, 창의력, 범주화, 기억력, 공간지각력, 추리력, 학습 전략, 선택적 집중력, 모니터링, 사람 파악, 행동조정, 설득, 협상, 가르치기, 서비스 지향, 문제해결, 판단과 의사결정, 시간관리, 재정관리, 물적자원관리, 인적자원관리, 기술 분석, 기술 설계, 장비 선정, 설치, 전산, 품질관리분석, 조작 및 통제, 장비의 유지, 고장의 발견 수리, 작동 점검, 조직체계의 분석 및 평가, 정교한 동작, 움직임 통제, 반응시간과 속도, 신체적 강인성, 유연성 및 균형, 시력, 청력

기초 직업능력

- 의사소통능력 : 문서이해능력, 문서작성능력, 경청능력, 의사 표현능력, 기초 외국어능력
- 수리능력 : 기초연산능력, 기초통계능력, 도표분석능력, 도표

작성능력

- 문제해결능력 : 사고력, 문제처리능력

- 자기개발능력 : 자아인식능력, 자기관리능력, 경력개발능력

- 자원관리능력 : 시간관리능력, 예산관리능력, 물적자원관리능력, 인적자원관리능력

- 대인관계능력 : 팀워크능력, 리더십능력, 갈등관리능력, 협상능력, 고객서비스능력

- 정보능력 : 컴퓨터활용능력, 정보처리능력

- 기술능력 : 기술이해능력, 기술선택능력, 기술적용능력

- 조직이해능력 : 국제감각, 조직 체제이해능력, 경영이해능력, 업무이해능력

- 직업윤리 : 근로윤리, 공동체윤리

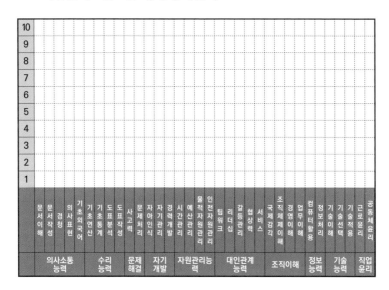

기왕이면
좋아하는 일을 찾아라

세계 최고의 경영사상가로 평가받는 린다 그래튼^{Lynda Gratton}이 30개국 200여 명의 CEO와 함께 '앞으로 일과 업무환경이 어떻게 변화할 것인가'를 연구한 결과물을 《일의 미래》에 담아 펴낸 바 있다. 린다 그래튼은 이 책에서 "미래의 모습을 정확히 예측하기가 불가능한 세상에서는 자신이 좋아하고 열정이 있는 분야를 선택하는 것이 현명한 결정이다. 게다가 일흔 살까지 일한다고 가정하면 진정으로 즐길 수 있는 분야를 찾아내야 한다."라고 주장한다.

나 자신과 맞는 일을 하면서 보람도 느낄 수 있고, 재미있는 일은 어떻게 찾아야 할까. 대부분은 어디서 어떻게 찾아야 하는지 모른다. 아무도 가르쳐준 적도 없기 때문에 모르는 것이 당연하다. 앞으로는 살면서 여러 번 직업을 선택해야 하는 사람이 많아질 것이다. '직'이 아닌 '업'을 찾아야 하는 시대인 만큼 자신이 가야 할 분야를 찾는 것이 중요하다.

세부 직업을 알아야 분야가 보인다

막상 분야를 찾으려니, 구체적으로 그 분야에 어떤 직업이 있는지 머릿속이 하얘진다. 아래는 분야별 대표 직업군을 정리해본 것이다. 자신이 관심 있는 분야와 직업을 체크해보자.

• 경제경영 전문가
광고기획자, 국제회의전문가, 경영컨설턴트, 자산관리사, 세무사, 회계사, 보험계리사, 감정평가사, 손해사정사, 외환 딜러, 위폐감식전문가, 은행원, 펀드매니저, 바이어, 사업가

• 자연과학 전문가
곤충학자, 생명공학자, 천체물리학자, 기상연구원, 통계학자, 지질학자, 역사학자, 농부, 양식어업자, 동물사육사, 해양수산기술자,

• 의학보건 전문가

의사, 한의사, 간호사, 수의사, 임상병리사, 치과기공사, 안경사

• 기술공학 전문가

건축사, 인테리어 디자이너, 측량 기술자, 토목공학 기술자, 조경 기술자, 항해사, 우주비행사, 항공기 조종사, 항공우주공학 기술자, 항공교통 관제사, 로봇 연구원, 철도 및 전동차 기관사, 자동차 정비원, 모델러, 가전제품 수리원

• 행정사법 전문가

변리사, 노무사, 판사 및 검사, 변호사, 경찰관, 소방관, 군인, 국회의원, 외교관, 일반 공무원

• 교육복지 전문가

사회복지사, 상담 전문가, 생활체육 지도자, 예술치료사, 유치원 교사, 초등학교 교사, 중고등학교 교사, 대학 교수, 성직자

• 컴퓨터통신 전문가

애니메이터, 웹마스터, 웹 디자이너, 디지털영상처리 전문가, 컴

퓨터프로그래머, 컴퓨터 게임 개발자, 프로게이머, 시스템 관리자, 컴퓨터 보안 전문가, 전자상거래전문가

• **언론문학 전문가**

기자, 아나운서, 리포터, 카피라이터, 방송 연출가, 방송 작가, 통역사, 번역가, 사서, 작가, 출판 편집자, 평론가, 점역사

• **문화예술 전문가**

공예가, 마술사, 만화가, 모델, 사진작가, 성우, 안무가, 연예인, 연예인 매니저, 영화감독, 음반기획자, 작곡가, 큐레이터, 문화재보존원, 운동선수

• **음식 전문가**

요리사, 영양사, 제과제빵사, 소믈리에, 쇼콜라티에, 바리스타, 푸드스타일리스트

• **패션미용 전문가**

패션디자이너, 스타일리스트, 피부관리사, 메이크업 아티스트, 특수분장사, 미용사, 애완견 미용사, 조향사

• 서비스 전문가

비서, 베이비시터, 호텔리어, 호텔 컨시어지, 항공기 승무원, 여행 안내원, 여행 상품 개발자, 웨딩플래너, 파티플래너, 쇼핑호스트, 상품판매원, 텔레마케터, 부동산중개사, 이미지컨설턴트, 경호원

분야별로 어떤 직업이 있는지 확인하면 좀 더 구체적인 선택을 할 수 있다. 여전히 한 가지 고민은 남는다. 흥미와 적성 탐색을 거쳐 세부 분야별 직업까지 살폈지만 여전히 자신이 무엇을 좋아하는지 확신이 서지 않는다면 아래 '좋아하는 분야'로 재배치한 분류를 체크해보자. 자신의 호기심과 관심, 그리고 좋아하는 분야를 생각하며 즐거운 마음으로 선호하는 관심 분야와 직업을 체크해보자.

• 만들기와 조작을 좋아한다면

가전제품 수리원, 건축사, 로봇연구원, 모델러, 시계부품 개발자, 의료장비 기사, 자동차 정비원, 철도 및 전동차 기관사, 치과기공사, 항공교통 관제사

• 수학과 과학을 좋아한다면

기상연구원, 생명공학자, 우주비행사, 임상병리사, 천체물리학자, 측량기술자, 토목공학자, 통계학자, 항공우주공학 기술자

• 자연과 동물을 좋아한다면

곤충학자, 농부, 동물사육사, 마필관리사, 수의사, 애완견 미용사, 양식어업자, 조경 기술자, 지질학자, 축산업자, 토피어리 디자이너, 플로리스트, 해양수산 기술자, 환경영향평가사

• 컴퓨터와 게임을 좋아한다면

디지털영상처리 전문가, 시스템 관리자, 웹 디자이너, 웹 마스터, 컴퓨터 게임 개발자, 컴퓨터 보안 전문가, 컴퓨터 프로그래머, 프로게이머

• 예능과 스포츠를 좋아한다면

경호원, 다이어트 프로그래머, 마술사, 모델, 방송연출가, 생활체육지도사, 성우, 스턴트맨, 안무가, 연예인, 연예인 매니저, 운동선수, 운동처방사, 음반기획자, 이종격투기 선수, 작곡가, 체형관리사, 카레이서

• 영화와 미술을 좋아한다면

공예가, 만화가, 몽타주 제작자, 사진작가, 애니메이터, 영화감독, 캘리그래퍼, 컬러리스트, 큐레이터, 화폐 디자이너

• 책과 글쓰기를 좋아한다면

기자, 대학교수, 방송작가, 사서, 역사학자, 작가, 점역사, 출판편집자, 카피라이터, 평론가

• 다른 사람을 돕고 가르치기를 좋아한다면

간호사, 경찰관, 군인, 베이비시터, 사회복지사, 상담 전문가, 성직자, 소방관, 약사, 예술치료사, 유치원교사, 의사, 일반 공무원, 장례지도사, 초등학교 교사, 중고등학교 교사, 한의사

• 경제에 관심이 많다면

경영컨설턴트, 바이어, 보험계리사, 사업가, 세무사, 외환 딜러, 은행원, 자산관리사, 전자상거래 전문가, 펀드매니저, 회계사

• 꼼꼼하게 정리하는 것을 좋아한다면

감정평가사, 도청탐지 전문가, 문화재보존원, 변리사, 병원 코디네이터, 보석감정사, 브랜드 관리사, 비서, 운항관리사, 위폐감식 전문가

• 적극적이고 사람 만나기를 좋아한다면

상품판매원, 손해사정사, 안경사, 웨딩플래너, 이미지 컨설턴트, 파티플래너, 헤드헌터, 호텔 컨시어지, 호텔리어

• 요리와 꾸미는 것을 좋아한다면

두피 모발 관리사, 메이크업 아티스트, 미용사, 바리스타, 소믈리에, 쇼콜라티에, 스타일리스트, 스파 매니저, 아로마 테라피스트, 영양사, 요리사, 인테리어 디자이너, 제과제빵사, 조향사, 특수분장사, 패션디자이너, 푸드스타일리스트, 피부관리사

• 외국어와 여행을 좋아한다면

국제회의 전문가, 번역가, 여행 상품 개발자, 여행안내원, 외교관, 통역사, 항공기 승무원, 항공기 조종사, 항해사

• 설득력 있게 말하기를 좋아한다면

경주장 아나운서, 광고기획자, 국회의원, 노무사, 리포터, 변호사, 부동산 중개사, 쇼핑 호스트, 아나운서, 텔레마케터, 판사 및 검사

직업빙산으로 분야를 확장하다

정보는 정보일 뿐이라고 말하는 이들이 있다. 일리가 있다. 정보는 참고하기에 최적이다. 실제 생활에서 얼마나 다양한 분야가 현장을 구성하고 있는지 경험하는 것은 매우 중요하다. 물론 우리가 성장하는 과정에 익히 훈련된 방식은 아니다. 촘촘한 진로교육 과정은 있는데 정작 세상의 직업을 현장 중심으로 보는 힘이 없고, 결

정적으로 그 속에서 자신의 분야를 찾는 힘이 부족하다. 이는 16년 동안 어마어마한 영어교육을 했는데, 막상 직장에서 해외 출장 한 번 가려면 시원스쿨 전 과목 수강권을 끊어야 하는 현실이다.

우리 주변에는 직업의 분야를 생각할 수 있는 장소들이 많다. 미용실, 마트, 극장, 은행, 아이스링크, 서점, 법원, 학교, 방송국, 체육관, 신문사, 교회 등 익숙한 곳이다. 그 장소 중 하나를 택하여 '드러난 직업'과 '숨겨진 직업'을 찾아보는 것이다. 특정 직업이 존재하는 곳에는 그 직업을 둘러싼 수많은 다른 직업이 직간접적으로 연결되어 있다. 이것을 드러난 직업과 숨겨진 직업의 구조로 볼 수 있다면, 일상의 직업군을 바라보는 우리의 시각이 한층 업그레이드 될 것이다. 예전 공저로 쓴 《베이스캠프》에 세상을 읽는 통찰의 안목에 대해 설명한 부분이 있다. 단순히 보이는 것에 머무르는 것이 아니라 숨겨진 이면을 보고, 이를 연결 짓거나 확장하는 것이 통찰이다. 관찰의 폭인 '시야'가 형성되고, 관찰의 깊이인 '시각'이 형성되며, 이를 통해 날카롭고 정교한 안목으로 직업 세계를 통찰하는 '시선'이 형성되는 것이다.

은행원을 사례로 들어보자. 미래전망에 대한 불안한 시선이 가득한 직업 가운데 하나라 할 수 있다. ATM 기계가 더 늘어나고, 단순한 ATM을 넘어 고객의 생체정보를 통해 직접 상담이 가능한 인공지능 상담 키오스크까지 등장했으니 은행원의 입지는 더 좁아졌다. 거기다가 모바일뱅크가 등장하여 기존 은행서비스의 판도를 근본부터 흔들고 있다. 고객이 낸 수수료만으로 좋은 시절을 보내던 은행은 이미 코앞에 와 있는 미래 앞에 생존을 위한 고민을 뒤늦게 하고 있다. 이런 분위기를 실감하는 학생들은 희망직업을 물어보는 질문에 은행원이라는 말 대신 금융전문가라고 답한다.

"금융전문가요."

"펀드매니저요."

다 좋다. 그 분야가 자신이 좋아하는 분야, 즉 '업'으로 삼을 만한 분야인지가 중요하다. 세부적인 변형, 창조 등은 이후 얼마든지 하면서 살 수밖에 없다. '은행'이라는 장소를 테마로 '직업빙산'활동을 통해 '드러난 직업'과 '숨겨진 직업'을 찾아보았다. 즉 은행을 관찰했을 때, 눈에 보이는 직업은 '은행창구직원'이다. 하지만 드러난 빙산 아래에는 숨겨진 거대한 부분이 있듯이 은행이라는 공간에 담긴 직간접적인 직업은 매우 다양하다.

은행창구직원, 은행관리직, ATM관리자, 시스템보안전문가, 조폐공사직원, 현금수송요원, 재정부 공무원, 경비보안업체직원, 은행경영자, 전산시스템개발자, 위조지폐감식전문가, 은행청원경찰, 펀드매니저, CCTV개발자, 건물환경미화원, 금융감독원, 보험상품판매원, 금융상품개발자, 금융결재원, 광고전문가, 고객관리전문가

이후 그 내용을 바탕으로 '직업퍼즐'활동을 하여 얼마나 다양한

직업 분야가 그 속에 함께 공존하는지, 다양한 분야와 직업으로 확장할 가능성이 있는지 살펴보았다. 직업퍼즐은 어떤 하나의 드러난 직업과 직업 공간이 있을 경우, 자연과학, 경제경영, 교육복지, 의학보건, 행정사법, IT통신, 언론문학, 기술공학, 문화예술, 요리음식, 패션미용, 서비스 등의 분야와 연결 짓는 것이다. 직업 공간을 볼 때는 넓고 깊게 보는 연습이 필요하다. 어떤 직업 공간이든 다양한 직업 분야가 함께 포함되어 있다는 사실을 염두에 둔다.

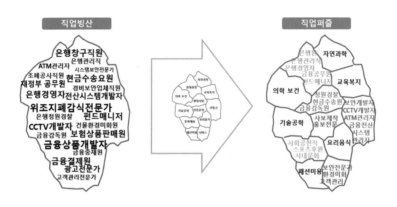

이렇게 사고하기 시작하면 직업과 분야 선택의 폭은 다양하게 확장이 가능하다. 처음에 방송 분야와 아나운서만 생각했던 학생은 일반 기업에 들어가서 사내 방송을 담당하다가 사내 홍보 팀장을 거쳐 사내 강사를 하기 시작했고, 결국 그 기업이 세운 인재연수원의 팀장을 거치고 연수원 원장이 되었다. 그 과정에 2권의 책을 냈고, 책을 토대로 방송에 한번 인터뷰했다가 방송인을 겸하게 되었다. 그의 마지막 행보가 궁금한가. 그는 현재 하던 일을 모두 하면서 대학 방송학과 겸임교수로 출강하고 있다. 한 가지 생각에 고여 있지 않고, 끊임없이 새로운 변화와 함께 흘러가기 위해서는 시야를 확장해야 한다. 이러한 힘을 키우는 데 직업빙산과 직업퍼즐은 많은 도움이 된다.

기업가정신으로 꿈이 구체화된다

'업'의 출발은 자신만의 분야를 찾는 데 있다. 직업빙산을 통해 의사의 꿈을 가진 학생이 있다고 치자. 자신의 흥미, 적성, 가치 등을 통해 이 학생이 찾아낸 자신만의 업의 가능성, 즉 분야 가능성은 '의학 분야'이다. 바로 그 지점에서 미래형 기업가정신의 구현 과정을 살펴보자.

직업분야											
경제·경영	자연·과학	의학·보건	기술·공학	행정·사법	교육·복지	컴퓨터통신	언론·문학	문화·예술	요리·음식	패션·미용	서비스전문
직업가치											
성취	여유	직업안정	지식추구	인정	자율	금전보상	변화지향	영향력발휘	봉사	애국	실내활동 / 개별활동
진로적성											
신체운동능력	손재능	공간시각능력	음악능력	창의력	언어능력	수리논리력	자기성찰능력	대인관계능력	자연친화력		
직업흥미											
현장형 기계,건설,군인,운동,항공,자동차,항공…		**탐구형** 심리,경제,교육,철학,수학,과학,의학…		**예술형** 문화,예술,거학,미술,음악,배우,디자인…		**사회형** 교육,서비스,봉사,상담,성직,복지…		**진취형** 사업,정치,법조,언론,공연,광고,경영…		**사무형** 사무,정보,관리,회계,금융,공직,컴퓨터…	

분야 / 가치 / 재능 / 흥미

자기 발견 + 관심 분야 + 분야 세분화 + 미래 변화 요인 + 세부 변화 요소 + 역할 전문성 명칭

관심 분야는 자신의 주요 직업 분야 이외에 또 관심 있는 다양한 분야를 말한다. 이것은 기본 소양 차원에서도 필요하고, 융합을 추구하는 미래정신에도 부합한다. 또한 앞서 살펴본 직업빙산, 직업 퍼즐 탐색 차원에서도 균형 잡힌 접근법이다. 자신의 관심 분야는 어떻게 알 수 있는가. 간단하다. 종이 신문을 펼치면 주로 어떤 기사에 관심이 가는지 체크해보는 것이다. 혹은 스마트폰 뉴스 알림 서비스를 신청할 때 주로 관심 영역으로 체크하는 항목은 무엇인지 살피는 것이다.

각 분야의 세분화 역시 크게 어렵지 않다. 예를 들어, IT 정보통신 관련 분야의 하위 분야를 살펴보자. 워크넷에서 한국직업사전의 분류에는 크게 3가지 접근법이 있다. 한국고용직업분류, 한국표준직업분류, 한국표준산업분류이다. 여기서 정보통신의 하위분류를 보면 자신의 관심이 하드웨어인지, 시스템인지, 네트워크인지, 혹은 보안 분야인지 확인할 수 있다. 그런데 이 정도의 하위분류는 굳이 시스템에 접근하지 않더라도 충분히 답변할 수 있을 것이다.

정보통신 관련직
• 컴퓨터 하드웨어 및 통신공학 기술자, 연구원

- 컴퓨터시스템 설계 전문가
- 컴퓨터시스템 설계 및 분석가
- 네트워크시스템 개발자
  - 컴퓨터 보안 전문가
  - 국가사이버안전요원
  - 보안프로그램개발원
  - 악성프로그램치료사
  - 암호알고리즘개발원
  - 전산보안관제원
  - 정보보호프로그래머
  - 침입탐지시스템엔지니어
  - 컴퓨터바이러스치료사
- 소프트웨어 개발 전문가
- 웹 전문가
- 데이터베이스 및 정보시스템 운영 전문가
- 통신 및 방송 장비기사 및 설치 및 수리원

자신의 분야 탐색으로 의학 분야를 찾은 학생이 관심 분야와 분야 세분화까지 기록한 내용을 살펴보면, 의료와 보건, 교육과 정치에 관심이 있다. 세부 분야로는 방사선, 외과, 감염계라는 전문 의학 세부 분야와 더불어 놀이치료, 언어치료, 수의사라는 주변 인접 분야에 대해서도 관심을 확장하였다.

미래 시대의 변화를 만들어내는 일반적인 변화 원리가 있다. 사실 과거로부터 현재까지의 직업 변화를 만들어낸 원리는 크게 3가지였다. 산업구조의 변화, 인구구조의 변화, 생활양식의 변화이다. 하지만 현재와 미래의 변화는 좀 더 복합적인 원리가 다중적으로 적용된다. 원리의 가짓수도 많아졌다. 일반적으로 8가지 변화 원리를 사용한다.

☑ 기술의 변화 : 첨단과학의 발달, ICT의 발달

☐ 산업구조의 변화 : 농림어업, 제조업 일자리 변화, 서비스산업 확대

☑ 인구구조의 변화 : 베이비붐 세대 퇴직, 저출산, 고령화

☑ 기후환경의 변화 : 기후 예측 중요성 부각, 환경기준의 강화, 환경오염

☑ 생활방식의 변화 : 생활여건의 향상, 삶의 질 향상

☐ 정부정책의 변화 : 금리정책, 부동산정책, 복지국가지향, 기후변화로 인한 규제

☑ 글로벌 환경의 변화 : 국제화시대, IT발달로 국가 간 경계 변화

☐ 직업가치관의 변화 : 고용안정 중시, 평생직장보다는 평생직업 중시

예를 들어 기후변화 전문가, 온실가스관리컨설턴트, 리사이클링 코디네이터 등 미래형 신직업이 탄생된 원인을 위의 8가지 원리에서 찾아보면, 단순히 한 가지 원리에 국한된 것이 아니라 기술의 변

화, 기후의 변화, 인구구조의 변화, 국제질서의 변화 등 여러 가지 원인이 복합적으로 작용했음을 알 수 있다. 이러한 미래 변화 원리에 따라 매일 뉴스와 신문에 등장하는 현실적이고, 구체적인 미래 이슈가 바로 '세부 변화 요소'이다. 인공지능, 로봇공학, 나노, 무인 운송(드론), 사물인터넷, 빅데이터, 관광, 전쟁, 우주관광 등 현실 트렌드가 반영된 이슈들이다.

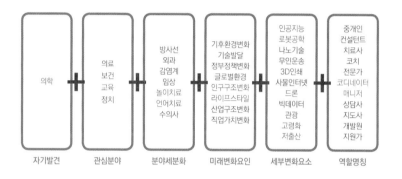

마지막으로 미래형 직업의 전문성을 만들어내는 다양한 접미사를 더하는 방식이다. 예를 들어, 중개인, 컨설턴트, 치료사, 코치, 전문가, 코디네이터, 매니저, 상담사, 지도사, 개발원, 지원가 등이다. 이제 의학 분야 전문가를 꿈꾸는 학생이 자신의 분야 탐색 결과에 미래형 프로세스를 거친 결과를 살펴보자.

"치매예방 인공지능 서비스 설계자"
"의공학 의료기기 개발 CEO"

"청소년 교육용 의학채널 1인 방송가"

"실버 토털 주치의 및 가족 전담 원격 주치의"

물론 아이디어에서 그치면 아무 소용없다. 기회의 문은 계속 두
드리는 자에게 열린다. 무엇이든 한번 해보겠다는 마음 자세가 중
요하다. 기업가정신이 머릿속에 새겨진 사람은 변화 속에서 기회를
포착하고, 창조적인 아이디어를 통해 직업의 가능성을 찾아 이를
비즈니스모델로 구체화해나갈 것이다. 이제 우리도 한번 자신의 분
야를 찾아 기업가정신을 토대로 방향을 만들어 가보자.

일자리가
달라지고 있다

"산업구조의 변화, 인구구조의 변화, 생활방식의 변화"

학창 시절 배운 직업 변화의 3가지 원리이다. 이제는 이러한 변화 원리로 현재와 미래를 설명하기에는 역부족이다. 새로운 프레임이 필요하다. 현재와 미래의 직업 변화를 만들어낼 변화의 원리로 8가지를 꼽는 것이 일반적이다. 어떤 직업 변화라도 8가지 원리 안에서 어느 정도 설명이 가능하다.

1. 기술의 변화: 첨단과학의 발달, ICT의 발달

2. 산업구조의 변화: 농림어업, 제조업 일자리 변화, 서비스산업 확대

3. 인구구조의 변화: 베이비붐 세대 퇴직, 저출산, 고령화

4. 기후환경의 변화: 기후 예측 중요성 부각, 환경기준의 강화

5. 생활방식의 변화: 생활여건의 향상, 삶의 질 향상

6. 정부 정책의 변화: 금리정책, 부동산정책, 복지국가지향, 기후 변화로 인한 규제

7. 글로벌 환경의 변화: 국제화시대, IT 발달로 국가 간 경계 변화

8. 직업가치관의 변화: 고용안정 중시, 평생직장보다는 평생직업 중시

이것은 말 그대로 원리이다. 이 원리를 대한민국의 현재로 가져와서 보다 구체적인 미래 직업 변화로 설명하기 위해서는 8가지 원리를 좀 더 현실적이고 구체적인 언어로 바꿀 필요가 있다. 한국고용정보원 〈한국직업전망〉 리포트에서 향후 10년간 우리나라 직업 세계에서 나타날 10가지 트렌드를 제시했다. 앞서 제시한 8가지 미래 직업 변화의 원리보다 좀 더 직접적인 변화 방식을 읽어낼 수 있다.

1. 엔지니어 및 전문직의 고용 증가 및 전문화

2. 환경 및 신·재생에너지 관련 직종의 고용 증가

3. 창조산업 관련 직종의 고용 증가

4. 미용 및 건강 관련 직종의 고용 증가 및 전문화

5. 안전과 치안, 보안 관련 직종의 고용 증가

6. 개인서비스 및 반려동물 관련 직종의 고용 증가 및 전문화

7. 저출산 및 고령화에 따른 직업구조 변화

8. 온라인 거래 및 교류 방식의 확산에 따른 직업구조 변화

9. 기계화와 자동화에 따른 생산기능직의 고용 감소

10. 3D 직종의 고령화 및 청년층 취업 기피로 인한 인력난 가중

4차 산업혁명의 핵심 기술이 직업 변화를 이끈다

4차 산업혁명에 대해 전문가마다 조금씩 다르게 설명한다. 그러나 공통적인 견해가 있다. 대략 6가지의 기술혁신이다. 로봇공학, 3D인쇄기술, 무인운송(드론, 자율주행 포함), 나노산업, 인공지능, 그리고 사물인터넷이다. 이 6가지 대표적 기술 중 5가지만 사용하여 우리의 일상이 어떻게 달라지는지 살펴보자. 앞에서 예를 든 준수네 집으로 돌아가 보자.

드론이 배달해 준 선물과 3D 프린터기를 사용하여 만든 케이크를 즐기며 결혼기념 축하 파티를 마친 준수네는 자율주행 자동차를

타고 수목원으로 나들이를 간다. 그날 저녁 준수네 집 인공지능은 혼자 분주하다. 동시에 여러 가지 작업을 해야 하기 때문이다. 오늘 준수 가족이 사용한 모든 사물로부터 전송된 정보를 1개월 분량으로 모아 리포트를 만들어야 한다. 중요한 것은 단순한 사용 빈도수 정도의 리포트가 아니다. 지역 및 나라 전체의 표본을 대상으로 올라온 빅데이터를 기준으로 준수 가족의 사용패턴과 건강, 개선점 등을 분석하는 작업이다. 준수네 집을 채우고 있는 수많은 사물과 준수 가족이 움직이는 모든 거리와 공간은 사물인터넷으로 작동된다.

준수네 일상에서 다룬 5가지 미래기술에 사물인터넷을 결합하면 6가지 4차 산업 대표 기술이 설명된다. 그리고 여기에 빅데이터라는 용어가 더해져야 미래가 설명된다.

감정지능 로봇 서비스   나노 첨단 의류

3D 프린터기로 만든 요리   무인 드론의 택배 배송   인공지능비서의 일처리

기술의 변화는 이전의 변화를 흡수하면서 큰 파장을 만든다. 단순히 이전의 기능을 쇠퇴시키는 것으로 끝나지 않고, 직업 세계의 변화를 만들어낸다. 스마트폰을 예로 들어보자. 스마트폰을 제작하여 실제 서비스하는 과정 전체를 '제품 생애Device Life'라고 한다. 하나의 스마트폰이 설계되고, 만들어지고, 디자인되어 마지막에 우리 손에 들어오기까지의 과정이다. 더 정확하게 말하자면, 하나의 기술이 공학 원리에서 기술로 전환· 설계·디자인되고, 개발 완성되어 고객의 손에 들어간다. 사용 중에 고장이 나면 수리를 해야 하고, 어쩌면 중고폰으로 팔려나가거나 폐기되는 과정까지의 제품 생애를 말하는 것이다. 제품 생애에 따라 대표 직업군을 구체화해보자.

1. 공학적 연구 단계: 공학연구자

2. 설계 단계: 스마트폰 설계 개발자

3. 디자인 단계: 스마트폰 디자이너

4. 부품 개발 단계: 스마트폰 부품 개발자

5. 완성품 제작 단계: 스마트폰 제작원

6. 광고 홍보 단계: 광고 홍보 전문가

7. 유통 단계: 운송업

8. 영업 단계: 스마트폰 영업자

9. 판매 단계: 판매 대리점, 온라인 판매, 소셜커머스 판매

10. 관리 단계: 판매 및 회계 관리자

11. 서비스 단계: 스마트폰 서비스센터

12. 중고품 또는 폐기 단계: 중고폰 판매업

제품의 생애에 따라 직업이 형성되는 것을 알 수 있다. 임의로 제품을 하나씩 선택하여 각각 그 제품으로 인해 생성되는 직업 분야를 한번 기록해보면 더 확실하게 이해할 수 있다. 정확한 직업명을 쓰기는 어려우니 ~관련 직업 또는 ~분야 전문가 등으로 표현해도 된다.

- _____ : _____
- _____ : _____
- _____ : _____

하나의 기술을 둘러싸고 주변 기술이 파생되면서 직업이 만들어지기도 한다. 스마트폰을 사용하는 과정에 다양한 다른 기술 상품이 등장한다. 앞서 예로 든 스마트폰의 경우 스마트폰 케이스, 차량 거치대, 셀카봉, 스마트폰 액정보호필름, 스마트폰 케이블, 스마트폰 사진 인화 서비스, 스마트폰으로 실행되는 모든 유료 어플리케이션, 스마트폰과 블루투스로 연결되는 스피커, 키보드 등의 제품들, 스마트폰과 연동하여 스크린에 빔을 쏘는 미니 프로젝터 등 다양한 주변 기술들이 쏟아졌다. 이런 주변 기술 역시 하나의 제품으로 인식하면 앞에서 설명한 제품 생애에 따른 직업 분화에 대입할 수 있다. 블루투스 스피커 공학 연구자, 블루투스 스피커 개발자, 블루투스 스피커 디자이너, 블루투스 스피커 부품개발자, 블루투스 스피커 제작원, 홍보 전문가, 운송, 영업, 판매, 관리, 서비스, 중고 기기 매매처럼 제품생애 방식으로 직업이 확장된다. 이번에도 한번 연습을 해보자. 매우 쉬운 예를 하나 들고, 이후에는 직접 기술 기반 제품을 하나 꺼내어 '주변 기술로 인한 새로운 기술'과 그 기술 기반 직업을 생각해보자.

- 자동차 : 자동차 부품, 자동차 액세서리, 자동차 보험, 자동차 안전, 자동차 수리 등
- _____ : _____
- _____ : _____

기술을 '활용하는 방식'에 따라 직업이 파생되어 나오기도 한다. 스마트폰이라는 기술을 '활용'하여 생성된 직업 특히 서비스에 대해 생각해보자. 우선적으로 스마트폰 어플리케이션 개발자가 들어간다. 여기에 해당하는 직업들은 이미 다른 직업에 속해 있으면서 스마트폰을 활용하는 경우도 있고, 아예 독립 서비스를 하는 새로운 직업도 포함된다. 어떤 직업이 있을까? 스마트폰 영화제작자, 스마트폰 배달앱으로 주문을 받는 음식점주, 스마트폰으로 그림을 그리는 일러스트레이터, 스마트폰으로 촬영하는 기자들, 스마트폰 게

임개발자, 스마트폰 사진사 등 무궁무진하게 생각이 이어질 것이다. 더 나아가 활용 방법을 교육하는 직업도 필요할 것이고, 과도한 사용으로 중독된 사람들을 치료하는 직업도 필요할 것이다.

기술이 직업을 만들어내는 4가지 방식

기술이 등장하여 직업을 만들어내는 방식을 살펴보았는데 정리하면 다음과 같다. 그런데 앞서 설명한 기술로 인한 직업 생성의 3가지 방식에 언급되지 않은 '산업구조에 따른 직업 파생'이 추가되었다.

1. 산업구조에 따른 직업 파생
2. 제품 생애에 따른 직업 파생
3. 주변 기술에 따른 직업 파생
4. 사용 방식에 따른 직업 파생

4차 산업혁명으로 인해 소프트웨어와 네트워크는 더 다양해지고, 더 빨라질 것이다. 하드웨어가 각 사람의 손 위 스마트폰에서 우리의 삶 전체 모든 사물로 확장된다면 어떤 놀라운 일들이 벌어질까. 심지어 그 하드웨어가 공장에서 물건을 만드는 각 기계에도 들어가 생산 전반의 현실에서 각 기기 간에 소프트웨어와 네트워크가 가능해진다면 또 어떤 상황이 펼쳐질까. 멀리 갈 것 없이 우리

생활의 변화를 떠올려볼 수도 있다. 자동차, 냉장고, 프린터기, TV 등의 사물이 서로 연결되는 것이다. 안경을 쓰고 거리를 지나가면 각 상점의 정보가 안경에 뜨는 것도 가능하지 않을까. 자동차를 몰고 가면 앞 유리에 지나가는 도로와 상점의 정보가 뜨는 것이다. 이 처럼 모든 삶의 기반이 정보통신기술로 '융합'하고 '연결'되는 것, 이것이 바로 4차 산업혁명이다. 무인 자율주행자동차, 드론, 3D 프 린터, 인공지능, 로봇 등의 기술이 직업을 파생하는 4가지 방식에 근거하여 어떤 직업이 파생될 수 있을지 생각해보자. 이것이 바로 산업구조의 변화에 따른 직업 파생이다.

1. 산업구조에 따른 직업 파생: 하드웨어 차원에서 무인자동차 개발자, 드론 개발자, 3D 프린터개발자, 인공지능 개발자, 로 봇 개발자 등. 소프트웨어 차원에서 각 기술의 운영 프로그램 개발자, 소프트웨어 개발자. 네트워크 차원에서 보안, 관리에 필요한 직업들.

2. 제품 생애에 따른 직업 파생: 각각의 미래 기술에 대해 연구, 개 발, 생산, 영업, 홍보, 판매, 수리 등의 전 과정에 필요한 직업들.

3. 주변 기술에 따른 직업 파생: 각 기술의 주변에 파생되는 직업 들.

4. 사용 방식에 따른 직업 파생: 각 기술을 활용하고, 교육하고, 중독을 치료하는 직업, 예를 들어 3D 프린터를 활용하는 다양

한 제조업뿐 아니라 3D 프린터를 교육시키는 직업들.

우리는 앞으로 계속 놀라운 기술 혁신을 경험할 것이다. 거침없이 일어나는 기술 혁신은 우리의 삶을 바꾸어놓을 것이다. 미래학자들은 기술의 발달로 자동화가 이루어져 대량 실직으로 이어질 것이고, 기계가 인간을 능가하는 시점이 올지도 모른다고 말한다. 그런 일이 일어나지 않을 거라고 말하지는 못한다. 그러나 기술 혁신으로 사라지는 직업이 있는가 하면 생겨나는 직업도 있다. 기계가 인간의 능력을 보완하고 강화하는 분야에서 기회를 잡을 수도 있을 것이다. 새로운 기회를 찾으려는 기업가정신만 잃지 않는다면 희망은 있다.

FUTURE   TALENT

구직할 것인가,
창직할 것인가

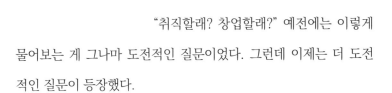

　　"취직할래? 창업할래?" 예전에는 이렇게 물어보는 게 그나마 도전적인 질문이었다. 그런데 이제는 더 도전적인 질문이 등장했다.

　　"창업할래? 창직할래?"

　　이렇게 물어보면 당연히 따라오는 학생들의 질문이 있다.

　　"창직이 뭐예요?"

　　창직은 많은 이들에게 아직 낯선 개념이다. 그런데 아는 것을 넘어 창직과 창업의 경계에서 도전을 계속하는 청년들도 있다. 청년 창직 사례 보고서인 〈청년층 창직가이드: 우리들의 직업 만들기〉에 등장하는 이야기는 젊은 층에게 한줄기 빛과 같은 신선한 에너지를 선사한다. '하천관리사'라는 일자리를 창직한 청년 창직가에게 질문을 던진 적이 있다.

"창직은 당신에게 어떤 의미가 있나요?"

"자신만의 아이디어, 아이템으로 새로운 직업을 만들어낸다는 점이 가장 매력적이죠. 내가 창직한 일이 많은 이들로부터 직업으로 인정받고, 관련 업계의 부흥을 이끄는 상상만 해도 웃음이 나네요. 우리 사회에서 꼭 필요한 것 중 하나가 바로 일자리 창출인데요, 나의 아이디어가 수많은 일자리를 창출하는 데 기여하게 된다는 점이 행복해요. 우리 팀이 하천관리사라는 직업을 창직하기까지 다양한 사람들의 도움이 있었습니다. 교수님이나 전문가뿐 아니라, 각 지역의 동네 어르신들, 관청 공무원 등 모두 소중한 인연이었습니다. 처음 뵙는 분들과도 스스럼없이 이야기를 나누고, 다양한 삶의 이야기를 들으면서 이제 어린 학생에서 진정한 어른으로 성장해 나간다는 느낌도 받았죠."

대학생 때부터 창직을 이해한 청춘들에게 미래는 기회의 시간이다. 청년 창직가들은 창직의 개념을 어떻게 이해하고 있을까. 기업가정신의 개념이 오랜 시간 과정을 거쳐 다듬어져왔듯이, 창직은 현재도 개념이 형성되어가는 중이다.

창직은 새로운 직업을 만드는 것

창업은 기업을 세우는 것이고, 창직은 말 그대로 직업이나 직무를 새로 만드는 것이다. 특히 창직을 통해 구현되는 양상이 창업, 취업, 자유업 등으로 나타나기 때문에 창직은 창업보다 훨씬 포괄적인 개념이라고 할 수 있다.

창직의 세계는 들여다보면 볼수록 매력적이다. '온라인 평판 관리사'라는 창직을 한 분의 인터뷰를 읽은 적이 있다. 창직의 마인드와 세계관 그리고 직업의식까지 느낄 수 있었다.

"창직은 새로운 변화에 따라 자연스럽게 생기기도 하지만 스스로 변화를 만들어내기도 합니다. 또 불확실한 미래의 직업을 만들어내는 약간은 황당한 일일 수도 있습니다. 자신이 직접 만들어내거나 아니면 미래의 직업을 준비해야 하는 것입니다. 미래에 대한 통찰력을 얻기 위해서는 절대로 남들과 같이 행동하고 생각해서는 안 됩니다. 신문, 잡지, 책 등을 통해 미래의 변화를 감지하고 흐름을 파악하기 위해 늘 노력해야 하지요.

창직 준비는 일반 치킨집 창업과는 다릅니다. 치킨집이야 상권 좋은 곳을 고르고, 맛있는 치킨 만드는 비법을 알면 되지만, '창직'이란 세상에 없는 것을 찾아내거나 만들어내야 하니까요. 제대로 창직하기 위해서는 많은 비용이 들어가는 것도 감수해야 하는 험난

한 길입니다. 이 비용을 최소화하기 위해서는 정말 많은 공부와 경험을 통해 미래에 대한 통찰력을 갖추어야 합니다. 깊이 있는 준비가 실패에 따른 비용을 최소화할 수 있습니다.

창직한 이후 기억에 남는 에피소드가 있습니다. 자살을 결심한 고객의 목숨을 살려준 일이 가장 기억에 남습니다. 적지 않은 사람들이 자신이 원치 않는 인터넷 게시물에 의해 상처받고 극단적 선택을 하기도 합니다. 누군가 쉽게 생각하고 올린 단 한 장의 사진이나 동영상이 다른 이의 목숨을 빼앗을 수도 있습니다.

어느 날 주말에 고객으로부터 급한 연락을 받았습니다. 어릴 적 장난삼아 찍은 동영상이 인터넷에 유포되어 죽음까지 고민하며 혹시나 하고 연락을 했다고 하더군요. 저희가 동영상을 찾아 삭제했고 그 고객은 현재 잘 지내고 있는 걸 보면서 일의 보람을 느낍니다."(고용정보원, 〈우리들의 직업 만들기(창직)〉 인터뷰 중에서)

창직의 조건과 관련하여, 전문가들은 창직의 6계명을 꼭 기억하라고 말한다.

1. 튀어야 산다! 창의적인 아이디어가 중요하다. 발상의 전환으로 다른 사람이 못 본 틈새시장을 찾아내자.
2. 직업의 세계를 이해하라! 이미 있는 직업들을 합치거나 세분화하면 블루오션을 찾을 수 있다.

3. 잘할 수 있는 분야를 찾아라! 잘할 수 있는 일, 학창시절부터 줄곧 관심을 가졌던 분야의 일이 무엇인지를 제대로 파악하자.

4. 시대보다 한 박자만 앞서가라! 시장 동향이나 미래 트렌드를 분석해 5년 정도 남보다 앞서가라.

5. 도움을 구하라! 시행착오를 줄이려면 전문가의 의견을 참고하고 실행에 옮겨라. 각종 지원제도를 활용하라.

6. 실패를 활용하라! 당장 원하는 결과물이 안 나와도 좌절하지 말고 노하우를 쌓아라.

컴퓨터 과학자인 알랜 케이Alan Kay는 "미래를 예측하는 최선의 방법은 미래를 창조하는 것"이라고 했다. 창직은 미래를 스스로 창조하는 한 방법이다. 창직을 보다 쉽게 이해시키기 위해 학생들에게 창직에 해당하는 직업을 하나씩 조사해 오라는 과제를 낸 적 있다. 한 학생이 '동물행동교정사'라는 직업을 소개하며 왜 이 직업이 생겨났는지 배경을 설명했다.

"우선 우리는 이미 미래변화의 주요 원인을 배운 적이 있습니다. 그중에 인구구조 변화를 배웠죠. 인구구조 변화의 주 내용은 저출산과 고령화입니다. 그리고 생활방식의 변화에서 1인 가구의 증가를 들 수 있습니다. 이 두 가지의 대표적인 현상으로 개나 고양이와 같은 애완동물과 함께 생활하는 가구가 많아졌습니다. 애완동물에 대한 인식도 단순히 키우는 존재에서, 인생을 함께 살아가는 반려동물로 바뀌어서 관련 시장은 2020년 6조원을 예상할 정도입니다. 애완동물이 미용실이나 호텔을 이용하는 일은 다반사고, 생후 3주에서 12주가 된 애견을 대상으로 하는 애견 유치원과 애견 전용 스파, 애견행동클리닉도 생겨났을 정도입니다. 애견행동클리닉에서는 주로 애완동물의 문제행동에 대해 불안감을 극복하는 심리치료를 합니다. 이제는 애완동물을 가족처럼 생각하고 문제해결 또한 사람과 똑같이 이해하려는 주인들이 늘어나 '반려동물행동교정사'라는 직업이 생겨났습니다."

이 직업의 원래 직업명은 '애완동물행동상담원Pet Behaviour Counsellor'이고, 전문가로 활동하기 위해 자격증시험이 있으며, 그 자격증의 이름이 '반려동물행동교정사'라는 사실도 알려주었다. 아울러 애완동물행동상담원이라는 직업은 국가에서 발표한 신직업 명단에도 포함되어 있다고 덧붙였다.

신직업에서 창직의 아이디어를 얻다

정부는 "신직업이란 외국에는 있지만 국내에는 없는 직업으로 미래 일자리 수요가 있는 직업이나, 외국과 국내 모두 있는 직업이지만 법·제도의 정비 등 활성화를 통해 일자리 창출이 가능한 직업을 말한다."라고 밝혔다. 4차 산업혁명을 앞두고 정부는 2013년 선진국에 비해 우리나라의 직업 수가 부족하다는 판단 아래 미래 직업 세계 변화에 대비한 일자리 창출과 전문인력 양성·육성을 목적으로 하는 골자의 '신직업 발굴·육성 추진 방안'을 발표하고, 신직업을 선정해 발표하고 있다. 2017년 올해에도 10개의 신직업을 선정해 이에 대한 집중적인 육성계획 등을 밝혔다. 한국직업능력개발원이 운영하고 있는 커리어넷(www.career.go.kr)에서도 해외에서 발굴된 신직업 등을 소개한다. 우리나라에 없는 650개 외국 직업 중 우선 도입 대상으로 선정한 직업 개수는 102개이다. 연구자들은 650개의 외국 직업들을 먼저 5가지 유형으로 구분했다.

1. 각국의 고유 특성 때문에 우리나라에 없는 외국 직업
2. 과학기술의 수준 차이 때문에 우리나라에 없는 외국 직업
3. 법률적 차이 때문에 우리나라에 없는 외국 직업
4. 우리나라 시장과 맞지 않아 외국에만 있는 직업
5. 우리나라에 이미 도입되었으나 초기 단계에 머물러 있는 외국 직업

각국의 고유 특성 때문에 우리나라에 없는 외국 직업

랍비, 악어사냥꾼, 모헬(사내아기에게 유태식 할례를 해주는 사람), 기모노제작자, 탕관사(일본 전통 장례식에서 화장해주는 사람), 스모심판, 트램운전사(선로를 따라 운행하는 전차운전자) 원주민 담당교사 등

과학기술의 수준 차이 때문에 우리나라에 없는 외국 직업

인체냉동보존전문가, 로켓엔진정비사, 우주비행사, 코로나연구원, 우주공간 스케줄 담당자(우주선의 적절한 발사시기를 조정하는 사람) 등

법률적 차이 때문에 우리나라에 없는 외국 직업

원격진료코디네이터, 사립탐정, 레크리에이션치료사, 척추교정의사, 타투이스트, 자연치유사, 정시훈련기술전문가, 운동치료사, 개업 물리치료사 등

우리나라 시장과 맞지 않아 외국에만 있는 직업

여가생활상담원, 그린마케터, 탄소배출권거래중개인, 애완동물시터, 병원아동생활전문가, 가정에코컨설턴트, 이혼플래너, 사이버언더테이커(디지털 장의사) 등

우리나라에 이미 도입되었으나 초기 단계에 머물러 있는 외국 직업

네일아티스트, 퇴직지원전문가, 보조교사, 가정방문 건강관리사, 육아감독관, 잡코치(직장 적응 지원), 친환경건축인증전문가, 직무분석가 등

이 중에서 약간의 수정, 추가 등을 거쳐 44개와 추가로 17개의

신직업을 발표했다.

신직업 44개

민간조사원, 전직지원전문가, 산림치유지도사, 연구기획평가사, 연구장비전문가, 연구실안전전문가, 온실가스관리컨설턴트, 화학물질안전관리사, 협동조합코디네이터, 소셜미디어전문가, 지속가능경영전문가, 녹색건축전문가, 주거복지사, 문화여가사, 인공지능전문가, 감성인식기술전문가, 정밀농업기술자, 도시재생전문가, 빅데이터전문가, 홀로그램전문가, BIM(빌딩정보모델링)디자이너, 임신출산육아전문가, 자살예방전문요원, 약물중독예방전문요원, 행위중독예방전문요원, 과학커뮤니케이터, 수의사보조원(동물간호사), 분쟁조정사, 디지털장의사, 기업컨시어지, 노년플래너, 사이버평판관리자, 가정에코컨설턴트, 병원아동생활전문가, 기업프로파일러, 영유아안전장치설치원, 매매주택연출가, 이혼상담사, 주변환경정리전문가, 애완동물행동상담원, 신사업아이디어컨설턴트, 그린장례지도사, 생활코치, 정신대화사

신직업 17개

기업재난관리자, 의약품인허가전문가, 주택임대관리사, 레저선박시설(마리나)전문가, 대체투자전문가, 해양설비(플랜트)기본설계사, 방재전문가, 미디어콘텐츠창작자, 진로체험코디네이터, 직무능

력평가사, 3D프린팅운영전문가, 상품공간스토리텔러, 개인간(P2P)대출전문가, 의료관광경영컨설턴트, 크루즈승무원, 기술문서작성가, 문신아티스트

신생 및 이색직업 19개

창작자에이전트, 모바일광고기획자, 디지털광고게시판기획자, 게임레벨디자이너, 게임테크니컬아티스트, 온라인결제서비스기획자, 모낭분리사, 식생활지도사, 생물정보분석가, 스마트헬스케어서비스기획자, 생명윤리운영원, 드론조종사, 헬리캠촬영기사, 창업보육매니저, 귀농귀촌플래너, 웹툰기획자, 스포츠통역사, 레지스트라(소장품관리원), 전통가옥기술자

국가는 신직업을 발표한 이후 이를 많은 사람이 활용하도록 다양하게 구성해 놓았다. 생애시기별로 구분해 놓거나, 혹은 인문사회계열과 이공계 출신이 진출하기에 적합한 신직업으로 구분했다. 생애 시기별로 구분할 때는 청소년이 도전하면 좋은 신직업과 3050세대가 진출하면 좋은 신직업, 그리고 중장년이 기존 전문성과 경력을 활용해서 도전하면 좋은 신직업을 따로 분류했다. 마지막으로 창업하기에 좋은 신직업도 별도로 모아서 보여주고 있다. 각 주제별 신직업 목록을 소개해본다.

미래 청소년이 도전하면 좋은 직업

상품·공간스토리텔러, 정신건강상담전문가, 약물중독예방전문요원, 정밀농업기술자, 3D 프린팅운영전문가, 정신건강상담전문가, 자살예방전문요원, 감성인식기술전문가, 미디어콘텐츠창작자, 홀로그램전문가, 인공지능전문가, 정신건강상담전문가, 행위중독예방전문요원, 빅데이터전문가, 소셜미디어전문가.

인문사회계열 출신이 진출하면 좋은 직업

기술문서작성가, 상품·공간스토리텔러, 신사업아이디어컨설턴트, 지속가능경영전문가, 크루즈승무원, 직무능력평가사, 사이버평판관리자, 소셜미디어전문가, 의료관광경영컨설턴트, 대체투자전문가, 기업컨시어지, 협동조합코디네이터, 개인간(P2P)대출전문가, 진로체험코디네이터, 빅데이터전문가.

이공계 출신이 진출하면 좋은 직업

기술문서작성가, 의약품인허가전문가, 과학커뮤니케이터, 도시재생전문가, 녹색건축전문가, 연구실안전전문가, 해양설비(플랜트)기본설계사, 방재전문가, BIM(빌딩정보모델링)디자이너, 정밀농업기술자, 연구기획평가사, 연구장비전문가, 3D 프린팅운영전문가, 기업재난관리자, 홀로그램전문가, 감성인식기술전문가, 화학물질안전관리사, 레저선박시설(마리나)전문가, 사이버평판관리자, 빅데이

213

터전문가, 인공지능전문가, 온실가스관리컨설턴트.

3050 여성에게 적합한 직업

의료관광경영컨설턴트, 주변환경정리전문가, 병원아동생활전문가, 산림치유지도사, 정신대화사.

이혼상담사, 가정에코컨설턴트, 생활코치, 매매주택연출가, 과학커뮤니케이터, 애완동물행동상담원, 영유아안전장치설치원, 임신출산육아전문가.

중장년, 전문성과 경력을 활용해 도전하면 좋은 직업

3D 프린팅운영전문가, 주변환경정리전문가, 문화여가사, 산림치유지도사, 주택임대관리사, 이혼상담사, 주거복지사, 기업재난관리자, 노년플래너, 민간조사원, 신사업아이디어컨설턴트, 도시재생전문가, 전직지원전문가.

새로운 아이디어를 더해 창업이 가능한 직업

3D 프린팅운영전문가, 신사업아이디어컨설턴트, 매매주택연출가, 정신대화사, 애완동물행동상담원, 영유아안전장치설치원, 생활코치, 주변환경정리전문가, 기업프로파일러, 그린장례지도사, 이혼상담사, 노년플래너.

정부는 창직創職, Job Creation이란, 창조적 아이디어와 활동을 통해 스스로 새로운 직업을 발굴하고 이를 바탕으로 노동시장에 진입하는 것이라고 말한다. 문화·예술·IT·농업·제조업 등 다양한 분야에서 창조적인 아이디어와 활동을 통해 자신의 지식, 기술, 능력, 흥미, 적성 등에 부합하는 기존에 없던 직업을 창출하는 것이다. 신직업을 통해 창직의 아이디어를 얻을 수 있을 것이다. 시대 변화와 사람들의 욕구를 읽을 수 있다면 누구나 창직할 수 있다. 신직업은 그 자체가 기존에 우리에게 없던 직업이기에 '창직'과 유사하다. 이러한 창직 작업은 우리나라 직업 수가 변천한 역사를 앞으로 더 크게 바꿀 것으로 확신한다.

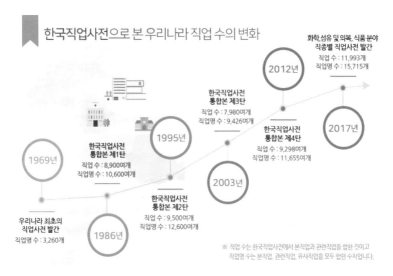

한국직업사전으로 본 우리나라 직업 수의 변화

화학,섬유 및 의복, 식품 분야
직종별 직업사전 발간
2012년
직업 수 : 11,993개
직업명 수 : 15,715개

한국직업사전
통합본 제3탄
직업 수 : 7,980여개
직업명 수 : 9,426여개

한국직업사전
통합본 제4탄
직업 수 : 9,298여개
직업명 수 : 11,655여개

2017년

1995년

한국직업사전
통합본 제1탄
직업 수 : 8,900여개
직업명 수 : 10,600여개

1969년

2003년

한국직업사전
통합본 제2탄
직업 수 : 9,500여개
직업명 수 : 12,600여개

우리나라 최초의
직업사전 발간
직업명 수 : 3,260개

1986년

※ 직업 수는 한국직업사전에서 본직업과 관련직업을 합한 것이고 직업명 수는 본직업, 관련직업, 유사직업을 모두 합한 수치입니다.

출처 http://www.work.go.kr/consltJobCarpa/srch/jobDic/jobDicIntro.do

학생들과 함께 창직 수업에서 다양한 신직업을 주제별로 분류하고 각각의 업무 내용을 설명해보는 활동을 진행한 적이 있다. 이 수업을 통해 학생의 창직가정신은 한층 더 강화되는 계기가 되었다.

〈환경관련 신직업 창직〉

삼림치유지도사

- 삼림에서 이뤄지는 이용자의 산책과 운동을 안내한다.
- 숲의 힐링 효과에 대한 생리학적 식견을 갖고 이용자의 건강 상태에 맞는 올바른 삼림 테라피 방법을 조언한다.

그린빌딩인증평가전문가(Energy Assessors)

- 건물을 직접 관찰해 건물의 건축 시기, 유형, 층수, 냉난방 시스템에 관한 정보를 수집한다.
- 컴퓨터 소프트웨어 프로그램에 정보를 입력해 에너지 효율성을 평가한다.
- 건물주에게 효율성 등급을 알려주고 효율성을 높일 수 있는 방법을 알려준다.

BIM디자이너(Building Information Modeling Designer)

- 설계 과정에서 3차원 시뮬레이션을 통해 설계의 적합성을 살핀다.
- 공법에 따른 시공성을 사전에 검토하고 시공 과정에서 발생할

수 있는 문제를 점검한다.

- 유지관리에 필요한 데이터를 추출해 시설물의 유지관리에 필요한 예산을 세운다.

오염지재개발 전문가(Brownfield Redevelopment Specialists and Site Managers)

- 오염 부지에 대한 측정 및 정밀조사를 실시한다.
- 오염 부지 정화에 관한 계획 수립, 시공업체 선정, 시공관리 등을 담당한다.

리사이클링코디네이터(Recycling Coordinator)

- 공공기관을 위해 지역사회의 재활용 방법 등에 대해 교육을 실시한다.
- 재활용 쓰레기 등을 효율적으로 수집하기 위한 체계를 구축하고 실행한다.· 재활용 처리 업체에서 수집, 식별, 조사 등을 담당한다.

기후변화 전문가(Climate Change Expert)

- 기상청이나 기상연구소에서 근무하는 기후변화 전문가는 과거의 기후 관련 데이터베이스를 분석해 미래의 기후변화를 예측한다.

- 정부나 지방자치단체에서 종사하는 기후변화 전문가는 기후변화에 대비한 정책을 입안한다.

온실가스관리컨설턴트(Greenhouse Gas Management Consultant)
- 온실가스 관리의 필요성, 선제적 대응의 중요성에 대해 의사결정권자들에게 교육을 실시한다.
- 배출량 산정이 가능하도록 배출 활동에 대한 데이터 수집, 배분 및 산정 등에 관한 방법을 조언한다.

그린장례지도사(Green Funeral Director)
- 자연장 등 친환경적 장례와 매장에 대해 컨설팅한다.
- 친환경 장례에 대한 홍보와 교육활동을 전개한다.

에너지절감시설원(Weatherization Assistance Program Home Repairers)
- 창호목공, 새시 제작 및 시공원, 단열 및 보온공, 보일러설치 및 정비원 등의 역할을 수행하거나 이들을 지원한다.

냄새판정사
- 정상적인 후각을 가진 악취감정 패널을 선정한다.
- 시료를 채취해 시험을 실시하고 이를 분석해 악취 정도에 대한

결론을 도출한다.

가정에코컨설턴트(Eco-Consultant)

- 전등 교체 제안과 같은 사소한 것부터 수돗물 절약, 가정에서 사용가능한 재생에너지 추천, 에너지 효율 가전제품 안내, 재활용 및 폐기물 절감과 같은 효율적인 에너지 사용에 대한 제안 등까지 에너지와 환경에 관한 전 분야의 컨설팅을 수행한다.

〈인구구조 변화와 고령화 관련 신직업 창직〉

조부모-손자녀 유대관계 전문가(Grand-Kid Workers)

- 손자녀와 조부모가 함께 하는 캠프나 여행을 기획하고 운영한다.
- 손자녀와 조부모가 함께 즐길 수 있는 활동을 알려주고 조언한다.

육아감독관(Child Care Inspector)

- 육아서비스 기관을 방문하고 관찰한다.
- 관찰, 서류검토, 면담 등을 통해 정보를 수집한다.
- 가정에서 평가보고서를 작성한다.
- 작성한 리포트는 온라인으로 제출한다.
- 기준에 부합하지 못한 내용을 육아서비스 제공기관에 제시하고 불만사항 등을 조사한다.

방문목욕도우미(訪問入浴ヘルパー)

- 간호사는 입욕 전 혈압, 체온 등을 검사해 입욕 가능 여부를 판단하고 입욕 중에는 전신 상태를 관찰하면서 몸을 닦아준다.
- 개호직원(헬퍼)은 입욕 전 욕조를 설치하고 필요한 물품을 준비하며 입욕 중에는 이용자와 대화를 나누면서 몸을 씻어준다.
- 개호직원(오퍼레이터)은 간이욕조를 실은 차량을 운전하고 스케줄 관리 및 조정을 담당한다.

입양사후관리원(Adoption Worker, Adoption Post-Counselor)

- 입양부모, 친부모 등과 인터뷰를 통해 가족 내 문제 상황을 상담하고 문제를 해결하도록 지원한다.
- 입양 후 지속적인 서비스를 통해 케이스 평가 및 관리를 실시한다.
- 행사 및 프로그램을 기획해 입양아동과 가족의 사회 심리학적인 기능을 향상시키고 입양인의 정체성 확립과 적응을 지원한다.

노년플래너(End-of-life Planner)

- 단순히 장수할 수 있는 방법을 제시하기보다는 고객이 스스로 죽음을 계획하고 관리할 수 있도록 지원한다.
- 노후에 재테크하는 법, 건강하게 사는 법, 자손들과 건강한 인간관계를 유지하는 법 등에 대해 조언한다.

케어매니저(ケアマネジャー)

- 수요자에게 요양보호사가 제공할 서비스의 내용과 서비스 제공 인력, 스케줄 등을 확인하고 조정한다.
- 요양보호사가 최적의 서비스를 제공할 수 있도록 서비스 수행 방법 및 유의사항을 숙지시킨다.
- 수급자격 여부 및 장기요양보험의 신청 등 행정 업무를 대행한다.

보건 및 사회시설 품질평가원(Qualitä)

- 병원, 노인 및 장애인 요양소, 사회복지관 등의 시설 현황을 평가한다.
- 해당 시설 및 기관의 복지 업무 과정을 분석하고 근무자를 대상으로 인터뷰를 실시한다.
- 조사 결과를 품질 보고서로 작성하고 비용 절감 방법 등 개선 방안을 제시한다.
- 결과를 문서로 정리해 해당 시설의 운영 과정과 운영지침 등이 포함된 품질관리용 소책자를 만든다.

가정방문건강관리사(Health Visitor)

- 영국의 가정방문건강관리사는 지역사회에서 질병예방 및 보건 증진을 위해 일하는 숙련된 간호사나 조산사를 말하며 5세 미만 자녀를 둔 엄마를 찾아가 육아에 대한 실질적인 정보를 제

공한다.

방문미용사(介護美容師)

- 서비스를 제공할 시 고객의 다양한 신체 상황과 장애 특성에 대응할 수 있도록 미용 기술과 지식, 요양보호 관련 기초지식 등을 활용한다.
- 혼례 등과 같은 의식에 참여하는 사람들에 대해 의식에 적합한 미용 서비스를 제공한다.

복지주거환경코디네이터(福祉住居環境コーディネーター)

- 이용자의 신체 상태나 간병하는 가족의 상황, 경제적인 면 등을 자료나 면담을 통해 파악한다.
- 휠체어의 이동을 고려한 문턱 제거, 욕실이나 화장실에 손잡이 설치와 같은 보다 나은 주거환경 조성에 관해 제언한다.
- 공사 후 살기 편한 환경이 조성됐는지 확인한다.
- 정부의 복지시책과 복지·보험서비스 등에 대한 정보를 제공한다.

정신대화사(精神対話士)

- 정신적 보살핌이 필요한 사람들을 대상으로 약 처방이나 정신 요법과 같은 의료행위를 실시하는 것이 아니라 따뜻한 대화를 통해 삶의 무게를 덜어주고 삶에 대한 희망을 부여한다.

- 대상은 고령자, 은둔형 외톨이, 대인관계를 힘들어하는 사람, 간병에 지친 사람, 사고나 재해 피해자 등 '누구나' 가능하다.

사별애도상담원(Bereavement Counselor)
- 사별로 슬픔에 빠진 가족을 대상으로 상담활동을 수행하며 독서치료, 놀이치료 등을 병행한다.
- 사별에 따른 문제에 대처할 수 있도록 관련 서비스를 코디네이팅한다.
- 죽음을 어떻게 받아들이고 극복할 것인지에 대해 조언하고 삶이 얼마나 소중한 것인지에 대한 인식을 갖도록 독려한다.

〈의료, 건강 관련 신직업 창직〉

의료용 로봇 전문가(Medical Robot Specialists)
- 의료용 로봇의 구조를 설계하고 로봇의 구동을 위한 알고리즘과 프로그램의 구조를 설계해 작성하며 로봇에 탑재시키는 일을 수행한다.
- 의료용 로봇의 기계, 전자, 소프트웨어의 성능 향상을 연구하고 개발한다.

놀이치료사(Play Therapist)
- 보호자 또는 아동과 상담해 아동의 개인발달사항, 가족관계, 학습활동 등을 조사하고 기록한다.

- 각종 검사를 실시해 심리적 문제의 유형 및 정도를 진단한다. ·
  놀이기구가 설치돼 있는 놀이방에서 아동이 선택한 기구로 놀
  이를 진행한다.
- 놀이치료가 끝난 뒤 아동 및 보호자를 상대로 지도 활동을 하
  고 결과 보고서를 작성한다.

당뇨상담사(Diabetesberater/in)

- 클리닉, 대형병원, 건강보험 정보센터, 보건소 등에 소속돼 개
  인이나 단체를 대상으로 당뇨 관련 설명회나 상담을 개최한다.
- 당뇨병을 주제로 강연 활동을 펼친다.
- 당뇨측정기, 인슐린주사기 등 당뇨 관리 용품에 대한 사용방법
  을 환자에게 알려준다.
- 개인의 당뇨 상태에 적합한 식단을 계획한다.
- 당뇨로 판정된 환자를 정서적으로 위로한다.

U-Health 전문가(Ubiquitous Health Specialists)

- IT 인력은 유헬스케어의 기반이 되는 장치 간의 헬스 정보 프
  로파일과 관련된 업무를 수행하는 프로그램과 시스템의 개발
  자이다. 환자를 모니터링하는 센싱기술, 정보를 취합하고 전송
  하는 기술, 수집된 다양한 건강정보 데이터를 분석하는 기술
  등을 개발해 공급한다.

- 의료 인력은 분석 및 피드백 단계에서 의료정보를 제공한다. 의사나 간호사, 운동처방사 등 병원 내 의료진들이 역할을 수행하며 환자의 건강정보 분석 등을 실시한다.

원격진료코디네이터(Telemedicine Coordinator)

- 의료정보에 대한 관리 및 이전 등을 담당하며 올바른 진료를 위해 환자에 대한 의료 데이터를 준비한다.
- 원격지의 의사와 환자, 현지 의사 간의 원활한 원격진료가 이뤄질 수 있도록 조율하는 역할을 수행한다.

운동치료사(Motopää)

- 대상자별, 생애주기별 운동처방 지침을 개발하고 보급한다.
- 지역사회 생활체육 활동을 증진하기 위한 프로그램 환경을 조성하고 건강운동 기반 조성을 위한 정책을 개발한다.
- 고령화 사회에 대비해 노인 건강 운동 서비스를 제공하는 등 건강 증진 도우미의 역할을 수행한다.

의료소송분쟁조정사(Medical Dispute Arbitrator)

- 의료분쟁과 관련된 제도와 정책에 대해 연구하고 통계를 작성하며 교육 및 홍보와 관련된 업무를 수행한디.
- 조정 신청이 있는 경우 사실 조사에 대한 조정안을 작성하고

신청인과 피신청인, 분쟁 관련 이해관계인이 조정 절차 중 조정부에 출석해 발언할 수 있도록 한다.

음악치료사(Musical Therapist)

- 의뢰인에게 필요한 부분을 정확히 사정하고 이에 기초해 음악치료의 목적과 목표를 확립한다.
- 음악치료를 통해 환자와 긴밀한 인간관계를 형성하고 여기에서 발생하는 상호이해와 신뢰를 바탕으로 치료의 계속성을 유지한다.

의료일러스트레이터(Medical Illustrator)

- 의학 관련 논문이나 강의에 사용되거나 환자에 대한 치료 및 수술 결과 등을 설명하는 데 활용되는 시각자료를 작성한다.
- 일반인도 이해하기 쉽고 호감이 가는 그래픽 콘셉트를 개발하고 해부학 교육용 모델을 만든다.

자살예방상담가(Suicide Prevention Counselor)

- 대화를 통해 상담자의 심리적 안정을 도모하고 경우에 따라 지속적인 돌봄 서비스를 제공한다.
- 자살 시도자에 대한 사후관리를 통해 재발을 방지한다.

F U T U R E TALENT

창직에도
기준과 방법이 있다

가치공유 컨설턴트, KFood외교관, 로봇
엔터테이너, 프리마켓기획자, 퍼스널브랜드코치, 청년창업지원가,
반려동물사진사, 푸듀케이터, 청소년진로교육잡지발행인, 업사이
클러, 캠퍼스멘토, 쇼핑몰네트워크전문가, 소셜데이팅코디네이터,
실시간전기요금확인장치개발자, 원페이퍼북작가, 요트레저운항사,
난독증전문가, 재능세공사, 온라인평판관리사, 길연구가, 애완동물
교육전문가, 아이디어컨설턴트, 펀드레이저, 수중재활운동사, 기상
컨설턴트, 프레젠테이션컨설턴트, 말미용가, 할랄인증컨설턴트, 동

227

물초음파진단사, 영양서비스컨설턴트, 애완동물작가, 요트중개인, 스토리컨설턴트, 문화교류코디네이터, 사진조사원, 유아수면컨설턴트, 장애인집수리전문가, 노인이주컨설턴트, 난독증학습장애지도사, 지역상점대출중계플랫폼운영자, 창직컨설턴트, 상품스토리텔러, 3D프린팅숍매니저, 로봇컨설턴트, 건축여행기획자, 장애인여행코디네이터, 의료관광컨시어지, 농산물꾸러미식단플래너, 시니어여가생활매니저, 시니어전화안부상담사, 자기성장기간(갭이어)기획자, 홈스쿨코디네이터, 여행비디오창직자, 창작자에이전트, 스포츠영상전문가, 캠핑비즈니스전문가, 트리클라이밍지도사, 유휴공간활용컨설턴트, 주택하자평가사….

이것은 '창직'전문가와 국가가 인정한 창직 결과로 나온 직업들이다. 물론 지면에 담지 못한 더 다양한 창직한 직업들이 존재한다.

미래 변화가 담긴 창직

앞서 미래 변화의 원리에 기후 환경의 변화, 인구구조의 변화, 기술의 변화, 생활방식의 변화, 제도의 변화, 직업가치의 변화 등이 있다고 했는데 사실 이러한 모든 변화의 근본은 '사람'이다. 그리고 사람의 '필요'와 '욕구'가 숨겨져 있다. 변화의 원리가 먼저 있고, 이에 따라 사람의 필요가 발생할 수도 있다. 기술이 생겨나고, 이에 따라 활용의 필요가 발생할 수도 있다는 말이다. 하지만 따지고 보면, 더 나은 삶을 살고 싶은 근본 욕구가 있기에, 인류는 끊임없이 기술을 발전시키는 것이다. 위에 열거한 창직의 사례를 찬찬히 보면 미래 사회 변화가 담겨 있다는 것을 알 수 있다. 미래 변화의 키워드와 창직을 서로 연결해보자.

"기후 환경의 변화" 관련된 창직

"고령화 사회" 관련된 창직

"미래기술의 변화" 관련된 창직

"고령화 + 1인 가족 + 개인화 사회=반려동물문화" 관련된 창직

"교육환경의 변화" 관련된 창직

"평생직업 인식의 변화" 관련된 창직

"의료서비스의 틈새" 관련된 창직

"사회복지에 대한 관심 증대" 관련된 창직

"건강, 웰빙에 대한 관심 증가" 관련된 창직

"여가 및 테마 관광 산업의 발달" 관련된 창직

"스토리 기반 서비스 산업 발달 " 관련된 창직

"상거래 방식 다양화 " 관련된 창직

"필요한 정보, 불필요한 정보 선별 서비스" 관련된 창직

"문화 다양성과 소통 서비스 강화" 관련된 창직

"스포츠과학과 스포츠상품 다양화" 관련된 창직

"공간 서비스 다양화" 관련된 창직

미래 변화의 키워드에서 사람들의 욕구를 읽을 수 있다. 단순화하는 데는 무리가 있지만 일부분이라도 설명이 가능한 사람의 욕구와 이와 관련된 미래 변화의 원리를 연결해본다. 인과관계가 복합적이기에 '일방향 화살표 →'를 사용하지 않고, '쌍방향 화살표 ↔ '를 사용했다.

"더 편리해지고 싶다", "인간의 한계를 극복하고 싶다" ↔ 기술의
   변화

"더 효율적이고, 생산적으로 이윤을 만들고 싶다" ↔ 산업구조의
   변화

"오래 살고 싶다.", "적게 낳고 싶다.", "내 인생을 찾고 싶다." ↔
   인구구조의 변화

"건강해지고 싶다." "물, 공기 정도는 지키고 지켜야 한다." ↔
   기후환경의 변화

"예뻐지고 싶다.", "자유롭고 싶다.", "그래도 연결되고 싶다." ↔
   생활방식의 변화

"최소한 삶의 질, 행복의 기초와 기회를 보장해주면 좋겠다." ↔
   정부정책의 변화

"여기는 좁다.", "세계로 나가고 싶다." "더 나은 기회가 필요하

다" ↔ 글로벌 환경의 변화

"생계를 위한 직업을 넘어서고 싶다.", "보람, 가치를 느끼고 싶
   다." ↔ 직업가치관의 변화

창직은 단계적으로 일어난다

사람들의 욕구와 필요, 가치가 직업 변화의 굵직한 원리와 만나
면, 세부적인 변화가 일어난다. 사회복지 정책이 확대되고, 외국 인
력 유입 정책이 세워진다. 바로 이 지점에서 창직의 가능성이 발생
한다. 창직 아이디어의 발상은 사람들의 욕구와 필요, 시대 변화를
읽고 변화의 원리를 통해 실제적으로 일어난 변화 요인 등에서 아
이디어를 찾아 만든다.

'푸듀케이터'라는 창직을 이뤄낸 노민영 대표의 인터뷰 내용 중
창직 과정에서 꼭 알아야 할 점을 들어보자.

"그 직업을 필요로 하는 사회적 배경과 환경, 사회적 필요가 있어
야만 가능합니다. 그러니 최근의 사회 문제가 무엇인지, 사회가 필
요로 하는 일은 무엇인지를 파악하는 것이 중요합니다. 무작정 찾
는 것이 아니라 내가 잘할 수 있는 것과 사회적으로 요구되는 일을
연결시켜야겠죠. 저는 음식에 관심이 많고 요리 만드는 것을 좋아
합니다. 이와 관련한 사회 문제, 사회적 필요를 파악하다 보니 내가
해야 할 일이 보였습니다. 마침 그 일을 하고 있는 사람이 없었고,

'사회적으로 꼭 필요한 일인데 왜 아무도 하는 사람이 없을까? 내가 해야겠다! 내가 제일 잘할 수 있는 일이겠다' 싶었습니다. 눈을 넓혀서 남들이 생각하지 못하고, 찾지 못하는 부분을 의도적으로 찾아내는 노력이 필요한 것 같습니다."

창직을 위해서는 제도에 대한 관찰도 필요하다. 미래 직업 변화의 다양한 이슈에 대해 특정 제도가 생겨나면, 그에 따라 직업의 필요성이 따라온다는 사실에 주목하자. 입시제도의 변화, 이민제도, 학교제도, 기후변화에 의한 제도 등 제도에 따라 마치 도미노 현상처럼 새로운 직업의 필요성이 대두된다. 이러한 변화에 민감한 사람들은 제도를 미리 살피고, 그에 따라 먼저 반응한다.

예를 들어보자. 수학교과가 개정되어 스토리텔링 기법이 강화되자 스토리텔링 지도사라는 직업을 창직한 사례가 있고, 입학사정관 제도가 시행되자 진로포트폴리오 지도사라는 창직이 일어나고, 이를 통해 부수적으로 교육 과정, 민간 자격증 등이 파생되었다. 사진사를 꿈꾸던 대학생은 아이폰과 스마트폰의 보급으로 디지털카메라시장과 사진관이 힘들어지는 것을 알게 되었다. 이 학생은 아이폰 사진사와 아이폰 영화감독으로 창직의 꿈을 준비하고 있다. 가치관과 라이프스타일의 변화로 여가, 미용, 건강 등의 관심이 커지자 다이어트 프로그래머라는 창직도 생겨났다. 기후변화 이슈 때문에 기상컨설턴트 창직도 있었다. 고령화가 진행되자 노인전문간호사와 같은 창직 활동이 꿈틀거리고 있다. 이러한 창직 아이디어 활동과 실제적인 창직 보급 활동은 외국의 직업에 기초한 신직업의 참신성을 한 단계 더 뛰어넘는 창조활동이다. 이처럼 '사람의 필요' 와 '변화의 원리'가 만나면 창직이 가능해진다.

창직의 기준

아이디어를 낸다고 모두 창직이 되는 것은 아니다. 창직은 기존에 없던 일자리를 만드는 것이다. 실현가능성이 있어야 건강한 아이디어가 될 수 있다. 최소한 2가지 단계를 반드시 거쳐야 한다. 1단계는 직업으로서의 적합성이고, 2단계는 창직으로서의 적합성이다.

"새로운 직업을 만드는 아이디어가 진짜 직업이 되려면 가장 중요한 실현 조건은 무엇일까?"

"먹고살 수 있는 직업이어야죠."

학생들의 답은 간단하고 명확했다. 일하는 이유 중 첫 번째는 먹고살기 위해서니까. 창직이 되려면 우선 직업가치로서 타당해야 한다. 경제생활을 영위할 수 있어야 하고, 지속적인 유지가 필요하며, 이 과정에 준법성과 윤리성을 갖춰야 한다.

창직의 조건1. 직업 가치 = 경제성 + 지속성 + 윤리성

창직이 직업으로서 생명력을 갖추기 위한 2개의 단계 중 첫 번째

단계는 바로 직업의 가치이다. 두 번째 단계는 창직으로서의 가치이다. 노동시장에서 실현가능해야 하고, 창의적이고 차별화가 되어야 한다. 전문적인 능력과 기술을 인정받아야 한다. 아울러 다른 사람도 배워서 할 수 있어야 한다.《창직이 미래다》에 담긴 창직의 요건은 크게 5가지로 구분되어 있다.

1. 직업 가치 = 경제성 + 지속성 + 윤리성
2. 노동시장 실현가능성 = 구현가능성 + 지속가능성
3. 창직 적합성 = 창의성 + 차별성
4. 전문성 = 전문능력 + 기술력
5. 보편성 = 보급가능성

창직하는 방법

요즘 개인 삶의 행복을 최대 가치로 두는 '욜로YOLO, You Only Live Once'라는 말이 유행이다. 사회가 점차 개인주의화되면서 오로지 자신만을 위한 삶을 살겠다는 사람들이 증가하는 추세다. 이러한 사회 변화에 힘입어 개인서비스 및 여가 분야에서 등장한 새로운 직업이 있다. 바로 신체적·정신적·사회적으로 건강한 상태를 뜻하는 웰니스와 코치가 결합한 '웰니스코치wellness coaches'다. 웰니스코치는 소비자의 육체적, 정신적 건강 그리고 나아가 사회적 건강까지 포괄적으로 건강하게 유지할 수 있도록 돕는다. 미국에서는 이미 여러 기관과 협회에서 웰니스코치 양성을 위한 교육 프로그램을 진행 중이다.

또 다른 예로 '케어매니저'가 있다. 우리나라는 현재 전 세계에서 가장 빠르게 늙어가고 있다. 10년 뒤엔 초고령화 사회에 진입할 예정이다. 세계 1위 고령화 국가로 꼽히는 일본은 우리보다 앞서 고령화 사회에 접어들면서 케어매니저 제도를 법제화하고 운영 중이다. '돌보다'라는 의미의 케어와 '관리자'를 뜻하는 매니저가 결합한 케어매니저는 환자나 노인을 위한 요양서비스를 계획하고 관리하는 전문가를 말한다. 요양서비스를 제공하는 요양보호사의 활동을 체계적으로 관리하고 지원하는 업무를 한다. 국가고시를 통해 '개호지원전문원'이라는 케어매니저를 선발한다.

그럼 푸듀케이터는 들어봤는가? 푸드와 에듀케이션이 결합한 합성어인 푸듀케이터는 음식과 관련된 생산, 소비, 사회 분야를 다루는 식생활 교육 전문 강사를 말한다. 푸듀케이터를 양성하는 교육 프로그램도 있고 자격증도 생겨났다.

푸듀케이터 = 음식 + 교육하는 사람

성인 대상이 아니라 미취학 아동과 청소년을 대상으로 음식문화를 교육한다는 점에서 영양사와 차별화된다. 푸듀케이터라는 이름을 직접 만들고 창직에 성공한 푸드포체인지의 노민영 대표는 어릴 때부터 올바른 식문화 교육을 받아야 건강한 소비자로 성장할 수 있다는 믿음으로 이 일을 시작하게 되었다고 한다. 연평균 1000여 회 정도 교육을 진행한다.

이처럼 푸드와 에듀케이션을 조합하듯, 케어와 매니저를 조합하듯이 같은 방법으로 창직 아이디어를 떠올릴 수 있다.

"로봇엔터테이너 = 로봇 + 엔터테인먼트"

"반려동물사진사 = 반려동물 + 사진사"

"애완동물교육전문가 = 애완동물 + 교육자"

"KFood외교관 = KFood + 외교관"

또한 "가치공유 컨설턴트 = 가치공유 + 컨설턴트", "기상 컨설턴트 = 기상 + 컨설턴트", "할랄인증 컨설턴트 = 할랄인증 + 컨설턴트", "홈스쿨 코디네이터 = 홈스쿨 + 코디네이터"처럼 컨설턴트나 코디네이터, 코치, 멘토와 같은 단어를 붙이는 경우도 있다. 컨설턴트라는 단어가 붙으면 좀 더 '분석'을 요구하는 객관성과 과학적 접근을 강조하고자 하는 의지가 담긴다. 한편, 코디네이터라는 단어를 붙이는 경우도 있다. 코디네이터라는 단어를 쓰면 컨설턴트와는 사뭇 느낌이 다르다. 조화를 이루는 느낌, 약간 더 따뜻한 느낌이 든다. 그래서일까 사용되는 영역이 주로 홈, 데이트, 문화교류, 여행 등의 단어들과 결합한다.

"3D 프린팅숍 매니저 = 3D프린팅숍 + 매니저"

"농산물꾸러미식당 플래너 = 농산물꾸러미식단 + 플래너"

"창작자 에이전트 = 창작자 + 에이전트"

"퍼스널브랜드 코치 = 퍼스널브랜드 + 코치"

"캠퍼스 멘토 = 캠퍼스 + 멘토"

매니저는 매장을 관리하는 개념으로, 플래너는 식단을 꼼꼼하게 스케줄링하는 의미를 담았다. 에이전트는 대리하거나 중개하거나 관리하는 의미를 담았다. 코치는 어원 그 자체가 '마차'라는 뜻이어서 개별적인 관계를 형성하고 친절하게 이끌어주는 개념을 담았다. 멘토는 상아탑인 대학에 어울리는 교육적인 개념을 내포하고 있다. 단어 뒤에 영어로 된 세련된 단어는 아니지만, 나름의 역할을 담아 표현하는 한자어들도 존재한다. 전문가, 개발자, 기획자, 평가사, 지도사, 운동사, 진단사, 관리사, 상담사 등이다. 2개의 직업 내용이 결합되고, 여기에 '~하는 사람'을 뜻하는 단어가 붙은 경우이다.

"시니어전화안부 상담사 = 시니어 + 전화안부 + 상담사"

"장애인여행 코디네이터 = 장애인 + 여행 + 코디네이터"

"의료관광 컨시어지 = 의료 + 관광 + 컨시어지"

"시니어여가생활 매니저 = 시니어 + 여가생활 + 매니저"

"여행비디오 창직자 = 여행 + 비디오 + 창직자"

"트리클라이밍 지도사 = 트리 + 클라이밍 + 지도사"

"스포츠영상 전문가 = 스포츠 + 영상 + 전문가"

"소셜데이트 코디네이터 = 소셜 + 데이트 + 코디네이터"

"애완동물교육 전문가 = 애완동물 + 교육 + 전문가"

여기까지는 직업과 직업이 결합하여 창직이 일어난 경우다. 결합의 내용은 단어의 언어적 조합을 통해 살펴볼 수 있다는 점을 기존 창직 직업명을 분석하며 살펴보았다. 그럼 일단 내용이 더 복잡해지기 전에 현재까지 살핀 창직의 단계와 방법을 간단히 정리해보면 어떨까.

창직의 본질은 역시 사람들의 필요이다. 여기서의 필요는 욕구나 가치를 말한다. 이러한 욕구가 미래 직업 변화의 원리와 만난다. 기술, 환경, 산업구조, 인구구조 등의 원리를 말한다. 이렇게 해서 필요를 채우는 차원에서 창직이 이루어지는데, 이미 외국의 직업에서 가지고 온 신직업으로 해소하기도 하고, 그렇지 않은 대부분의 경우는 순수한 창직이 일어나게 될 것이다. 창직은 우선 직업과 직업이 조합하는 방식이 있다. 물론 이렇게 창직하는 과정에 창직의 조건, 즉 직업으로서의 가치와 실현가능성, 창직 적합성, 전문성과 보편성을 갖추어야 한다.

지금껏 배운 내용을 바탕으로 미래 직업을 만드는 방식을 한번에 볼 수 있는 방법을 생각해보았다. 커다란 원형판에 3단 크기의 원을 그려 넣었다. 1단에는 현재 꿈으로 가지고 있는 직업명, 2단에는 미래 직업 변화의 원리, 3단에는 세부적인 미래 변화의 기술적, 사회적 이슈를 담되 긍정적인 부분과 부정적인 부분을 써 넣기로 했다. 크기가 다른 3개의 판이 가운데 핀을 중심으로 돌아가다 해당 화살표에 만나는 3개의 칸이 나올 것이다. 이를 통해 미래 직업을 창직해보는 방식이다.

이런 방식으로 한번 만들어보자. 실제 어설픈 게임이 될 수도 있고, 생각처럼 원활하게 미래 직업이 나오지 않을 수도 있다. 중요한

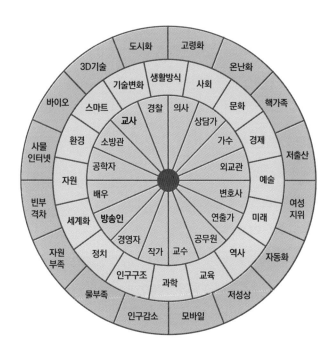

것은 발견의 과정이다. 실제 학생들이 도출한 결과를 소개한다.

경찰 + 생활방식 + 도시화가 나온 경우 (창직의 예)

- 범죄예방 교육 기획자

- 방범 유비쿼터스 개발자

- 도시치안 모바일 설계자

- 드론 안전 CCTV 공급자

교사 + 인구구조 + 3D기술이 나온 경우 (창직의 예)

- 3D 프린터 교육 개발자

- 실버 재교육 3D 프린터강사

- 3D설계 창의영재 교육전문가

- 가정 3D 프린터 큐레이터

소방관 + 환경 + 바이오가 나온 경우 (창직의 예)

- 화재 불가능 소재 개발자

- 웨어러블 소방 의류 디자이너

- 도시 소방 자동화 설계자

- 스쿨 소방관, 학교안전평가원

공학자 + 자원 + 사물인터넷이 나온 경우 (창직의 예)

- 지하자원 지도 GPS 개발자

- 실시간 자원 잔량 측정가

- 개인별 자원사용 모바일러

- 식품별 함량 측정 프로그래머

5장

새로운 미래 인재의 조건

FUTURE TALENT

삶에 대한 성실함과 정직함, 이것은 돈보다 몇 배나 더 값지고 귀한 재산입니다.
아버지를 통해 삶에서 가장 가치 있는 것이 무엇인지 계속 배우고 있어요.

-워런 버핏의 아들 피터 버핏

FUTURE ...... + ... TALENT

기업가정신 시대의 미래 인재

과거 우리는 커트라인^{Cut-Line}과 바텀업 ^{Bottom-Up}으로 대변되는 구시대적 접근법으로 미래를 준비했다. 커트라인은 성적과 점수 중심으로 준비하는 접근법이다. 바텀업은 방향이나 목표를 미리 생각하는 것이 아니라 당장 눈앞에 펼쳐진 현실과 상황에 따라 선택하면서 살아가는 방식이다. 미래형 인재와 반대 개념인 과거형 인재의 전형이다. 과거에는 이 두 가지 태도로도 충분히 살아갈 수 있었다. 경제 성장이 빠르게 진행되고 있어 직장을 구하는 것도 지금보다 훨씬 수월했다. 그러나 지금도 유효한 태도일까? 이 두 가지 태도는 지금 시대에 다음과 같이 바뀌었다.

- **커트라인**(Cut-Line) → **커트레인지**(Cut-Range)
- **바텀업**(Bottom-Up) → **탑다운**(Top-Down)

어느 점수 이상이 되어야 선발하던 방식은 단순히 합격자를 추리기 위한 것이다. 커트레인지는 최소한의 점수와 최대치 점수 사이의 넓은 구간 안에 포함된 사람이 경험과 과정으로 잠재력을 평가받는 방식이다. 대학을 가기 위해 공부를 하고 취업을 위해 스펙을 쌓고 공부하는 것은 바텀업에 가깝다. 반대로 탑다운은 어떤 삶을 살고 싶은지, 그러한 삶을 이루기 위해 어떤 직업과 분야를 통해 꿈을 펼치고 싶은지, 지금 그 목표를 위해 무엇을 준비하고 있는지 생각하는 방식이다.

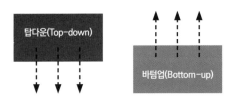

결과를 중심으로 시간을 역산하여 지금의 선택을 하는 방식이다. 한번 자신은 어느 정도 위치에 와 있는지 주관적으로 평가하여 수직선 위에 표시해보자.

커트라인(합격과 취업 점수 중심)   커트레인지(경험, 과정을 채우는 잠재력 중심)

바텀업(눈앞의 필요 중심 선택)   탑다운(인생의 방향과 목적 중심 선택)

미래 인재의 핵심 '기업가정신'

4차 산업혁명으로 명명되는 새로운 미래 시대는 어떤 인재를 필요로 할까. 탑다운 방식을 이 시대의 입시와 취업의 현실언어로 바꿔보자면 '인재상'방식이다. 커트레인지 방식 역시 현실언어로 바꿔보자면 '역량'중심의 인재 선발과 훈련 방식이다. 최소와 최대 구간 안에서 잠재된 가능성을 중심으로 사람을 뽑고 교육시키다 보니 "도대체 어떤 기준으로 잠재력, 가능성, 태도, 자세, 능력을 측정할까?"라는 치명적 질문에 부딪쳤다. 그래서 등장한 것이 역량이다. 무엇인가를 할 수 있는 가능성, 능력을 가장 세련되고 전문적으로 표현한 용어이다. 기존의 모든 교육은 점수 중심의 접근법이었다. 앞으로는 이런 접근법이 바뀌면서 교육 분야에 많은 변화가 있을 것이다. 과거 물을 담는 컵의 개수를 늘리던 교육에서 컵의 크기를 키우는 교육으로 바뀌어가고 있다. 전반적인 교육구조가 인재상이라는 결과에 역량이라는 과정을 더하는 방식으로 재편되고 있다. 이 방향은 전 세계적 변화이며 역사적 흐름이라 거스르기 힘들다.

돌덩어리를 그대로 던져 사슴을 잡던 원시인이 돌을 날카롭게 다듬어 사용하다가, 돌 대신 도구를 사용해 쇠붙이로 창과 화살을 만들어 사용했는데 어느 날 다시 과거의 방식으로 돌아갈 수 있겠는가.

기술의 차이는 그 기술을 다루는 능력의 차이에 의해 좌우된다. 그런데 능력의 차이는 고작 5배 이내의 격차를 만들어내지만, 의식의 차이가 만들어내는 결과의 차이는 100배를 넘는다. 인재상이라는 기준과 방향을 세우고, 그 인재상에 도달하기 위해 역량이라는 과정을 설계하는 것은 우리의 의식을 바꾸는 패러다임의 전환 과정이다. 이것을 온몸으로 이해하고 받아들여야 다가오는 미래를 위한 인재의 핵심이 '기업가정신'임을 깨달을 수 있다.

직업을 선택할 때나 이직할 때, 직업을 대하는 태도에서 사람마다 차이가 있는데 크게 두 종류로 나눌 수 있다. 방향을 먼저 잡고 과정으로서 직업을 생각하는 태도가 있는가 하면 눈앞의 필요에 의해, 당장의 생존을 위해 직업을 선택하는 사람이 있다. 후자의 경우 어렵게 취업에 성공해도 얼마 못 가 그만두거나 다른 곳으로 옮기는 경우가 많다. 그러나 이런 상황은 태도가 바뀌지 않는 한 반복된다.

방향을 정해서 자신의 직업을 바라보는 사람들은 시작부터 다르다. 먼저 방향부터 세운다. "난, 기술력을 가진 IT업체 대표가 될 거야!" 이렇게 방향을 정하면 그다음에는 자동적으로 연결고리가 생겨 직업이 따라온다. 나에게 직업은 '과정'이다. 꿈을 이루기 위해 한 단계씩 배우고 성장할 것이다. 한 회사에 들어가는 것도 다른 회사로 옮기는 것도 모두 의미 있게 연결된다. 첫 직장이 규모나 명성에서 화려하지 않다 해도 치열하게 일하다 보면 제대로 된 미래 준비가 가능하다. 이런 사람은 특징이 있다. 자신의 본질에 충실하다는 것이다. 어떤 본질인가. 결과적으로 이루고 싶은 미래의 방향과 목표가 있다. 목표를 이루는 과정을 긍정적으로 수용하고자 하는 태도를 갖추고 있다. 그래서 과정을 '의미'로 연결한다. 비록 과정에서 약간씩 모양은 변하지만, 본질은 유지하면서 성장하는 것이다.

이런 사람의 본질이 사각형이라면 사다리꼴, 마름모 등으로 변형하면서 성장한다. 미래의 변화 앞에서도 이러한 반응의 차이는 그대로 적용이 된다. 방향성을 가지고, 넉넉하게 미래 변화의 숲을 바라보는 사람은 변화에 대응하고 모양을 변형해가면서 미래형 인재로 성장해간다. 이러한 태도와 인식을 만드는 것이 바로 기업가정신의 요체다.

F U T U R E T A L E N T

미래 인재의
기준이 바뀐다

엘빈 토플러 이후 최고의 미래학자로 평가받는 다니엘 핑크는 《새로운 미래가 온다》에서 미래 인재의 조건으로 6가지를 언급한다.

1. 디자인으로 승부하라

2. 스토리를 겸비해야 한다

3. 조화를 이뤄야 한다

4. 공감이 있어야 한다

5. 유희도 필요하다

6. 의미를 찾아야 한다

앞으로의 시대는 하이콘셉트, 하이터치 시대로 좌뇌보다는 우뇌형 사고를 하는 인재를 강조한다. 의미를 찾고 감성적인 만족을 얻고자 하는 욕구가 늘어나며 정신적인 가치에 집착하는 경향이 있다고 보았다. "하이콘셉트는 예술적, 감성적 아름다움을 창조하는 능력을 말한다. 이는 트렌드와 기회를 감지하는 능력, 훌륭한 스토리를 만들어내는 능력, 언뜻 관계가 없어 보이는 아이디어들을 결합해 뛰어난 발명품으로 만들어내는 능력이다. 하이터치는 간단하게 말하자면 공감을 이끌어내는 능력이다. 인간관계의 미묘한 감정을 이해하는 능력, 한 사람의 개성에서 다른 사람을 즐겁게 해주는 요소를 도출해내는 능력, 평범한 일상에서 목표와 의미를 이끌어내는 능력이다."라고 정의한다. 이러한 시대를 준비하기 위해 우뇌형 상상력과 창의적 사고를 가진 인재를 강조한다.

미래 시대를 이끌 인재상

다니엘 핑크가 10여 년 전에 미래 세계를 예측하며 인재상의 조건을 제시하였는데 이미 현실이 되었다. 우뇌형 상상력과 창의적 사고를 가진 인재를 한마디로 요약하면 기업가정신을 가진 인재로 치환할 수 있다고 본다.

세계경제포럼World Economic Forum: 이하 WEF은 2016년 1월 개최된 46차 다보스포럼의 주제를 '4차 산업혁명의 이해Mastering the Fourth Industrial Revolution'로 내세우면서 전 세계에 4차 산업혁명에 대한 논의를 촉발시켰다. '누가 미래의 인재인가.'라는 질문도 여기서는 최적의 표현이 아니었던 것 같다. 여기서는 미래를 '기술혁명'이라는 단어가 주도한다는 대전제가 너무 강하여, 미래인재의 조건도 '21세기 기술'로 명명하였다.

크게 3가지 범주가 있는데, 기초기술, 역량, 인성이다. 문해와 수해능력과 같은 '기초 기술foundational skills'뿐 아니라 협력, 창의성, 문제해결력과 같은 '역량competencies', 일관성, 호기심, 주도성과 같은 '인성character qualities'을 갖추도록 요구하고 있다. 참고로 유네스코가 밝힌 바에 따르면 문해文解란, 다양한 내용에 대한 글과 출판물을 사용하여 정의, 이해, 해석, 창작, 의사소통, 계산 등을 할 수 있는 능력이다. 다음 그래프에서 자신의 현재 위치를 냉정하게 평가해보자. 부족하다고 생각되는 부분은 보완해나가면 된다.

- 기초문해(일상생활에 적용하는 핵심기술): 문해, 수해, 과학문해, ICT 문해, 재정 문해, 문화 및 시민 문해
- 역량(복잡한 도전사항들에 대한 대처기술): 비판적사고/문제해결, 창의성, 의사소통, 협력
- 인성자질(변화하는 환경에 대한 대처 기술): 창의성, 주도성, 일관

성/도전정신, 적응력, 리더십, 과학 및 문화

	문학문해	수학문해	과학문해	ICT문해	재정문해	문화문해	시민문해	비판사고	문제해결	창의성	의사소통	협력	주도성	일관성	도전정신	적응력	리더십	과학문화
10																		
9																		
8																		
7																		
6																		
5																		
4																		
3																		
2																		
1																		
	기초문해							역량					인성자질					

미래 인재는 구체적으로 어떤 사람인가? 질문을 달리 표현하면 답변이 가능해진다. "현대자동차의 인재상은 무엇인가?" 또는 "미래 시대를 주도할 인재는 어떤 사람인가?" 그런데 이런 각각의 인재상을 모아 보면 공통분모를 찾을 수 있다. 그럼 미래 인재로 가기에 앞서 현재의 인재상 공통요소들을 확인해보자. 적어도 이 시대는 누구를 인재라고 할까. 다음 질문에 각각 3가지 조건을 넣어보자.

• 글로벌 기업들은 어떤 사람을 인재라고 하는가? (   ), (   ), (   )

- 대한민국 기업들은 어떤 사람을 인재라고 하는가? (   ), (   ), (   )

- 대한민국 교육은 어떤 학생을 인재라고 하는가? (   ), (   ), (   )

아래 그래프에는 글로벌 기업 인재상 기준 10가지를 담았다. 자신이 메모한 내용이 포함되어 있는지를 살펴보고 현재 자신의 위치를 냉정하게 판단해 10점 척도로 그래프를 채워보자. 다음으로는 대한민국 100대 기업 인재상 공통요소 9가지에도 같은 방식으로 자신의 위치를 점검해보자. 높게 체크되는 것과 낮게 체크되는 것도 살펴보자.

[글로벌 기업이 원하는 인재상]

- 창의성: 창조, 인식전환, 상상력, 가치창출, 새로운 아이디어 등

- 전문성: 전문지식, 전문기술, 자기계발, 프로정신, 핵심역량 등

10									
9									
8									
7									
6									
5									
4									
3									
2									
1									
	도전 정신	주인 의식	전문성	창의성	도덕성	열정	팀워크	글로벌 역량	실행력

[우리나라 100대 기업이 원하는 인재상]

• 도전정신: 진취, 적극, 신념, 의지, 긍정적 사고, 위험감수 등

• 도덕성: 정직, 인간미, 신뢰, 매너, 직업윤리, 투명성, 기본충실 등

• 팀워크: 상호협력, 배려, 공유, 화합, 상호존중, 조직 마인드 등

• 글로벌 역량: 외국어, 개방성, 문화적 이해, 국제감각 등

• 열정: 승부근성, 몰입, 끈기, 최선, 강한 의지, 기업가정신 등

• 주인의식: 오너십, 책임의식, 자율, 리더십, 사명감, 솔선수범 등

• 실행력: 행동 우선, 추진력, 실천, 실천적 성취 등

어떤 준비를 해야 하는가

어떤 사람이 되고 싶은지, 어떤 삶을 살고 싶은지, 그래서 지금 자신에게 주어진 과정이 무엇인지, 어떤 것을 갖추고 또 가꾸어가

야 하는지 설계하는 사람은 다르다. 이러한 의식의 차이가 능력의 차이를 만들고, 준비하는 마음, 일상의 태도를 결정짓는다. 바로 이런 차이가 결과를 100배 이상 바꾸게 된다. 그런데 한 가지 반전이 있다. 이러한 기본적인 의식이면 충분하고도 남지만, 그럼에도 이전에는 전혀 예상하지 못했던 것이 나타났다. 바로 미래 변화이다. 이것은 단순히 긍정적으로 주어진 과정을 수용하는 태도의 차원과는 다르다. 예상하지 못했던 '변화'의 문제이기 때문이다. 하지만 기억하자. 태풍이 올 거라고 미리 경고를 듣고, 대비하는 것과 그렇지 않은 것의 차이일 뿐이다. 더군다나 이미 인생의 방향 중심으로 과정을 받아들이는 태도를 갖추고 있다면 충분히 미래에도 대응 가능하다.

다가올 미래 직업 세계는 바로 이런 사람이 주인공으로 서게 되는 무대와도 같다. 자신만의 커리어 히스토리를 바탕으로 다가오는 변화 앞에서, 혹시 이러한 변화를 위기라고 표현하더라도 그 위기를 '위협과 기회'로 여겨서 기어코 변화를 주도하게 된다. 미래의 변화는 분명 '위협'이 될 수도 있다. 이는 거대한 절벽을 만들어낼 것이다. 하지만 '기회'를 찾아 변화를 만들어내면 다른 결과가 만들어진다.

구체적으로 어떻게 위협에 기회를 더하여 변화를 만드는지 한번 간단히 살펴보자. 짧은 미래의 일상 한 컷을 상상해보자.

'오전에 드론 택배가 배달되었다. 그중 하나는 주문 피자도 포함되어 있다. 엄마는 3D 프린터로 유기농 스낵을 만들어서 식탁에 올렸다. 간단한 간식을 먹은 후 가족은 무인자동차를 타고 할머니 집으로 이동했다.'

꿈만 같은 일이다. 하지만 이러한 시나리오에 부정적 관점을 적용하면, 배달업도 끝났고 택시운전업도 끝났으며 요리사라는 직업도 종말을 고하는 것이다. 하지만 긍정적 관점으로 바라보면 다르다. 반응은 선택하는 것이다. 이러한 위협 역시 기회로 여기는 사람은 일부러라도 변화를 이렇게 해석한다. 기계가 인간의 일자리를 대체하는 변화를 수용하면 가능성에 대한 탐색이 가능해진다. 거기서 긍정적 기회를 찾으면 된다. "무인자동차, 3D 프린터기, 드론 등의 기술을 만드는 일자리는 어떨까?", "그 기술을 다양하게 활용하는 일자리는 어떨까?", "그 기술로 대체할 수 없는 일자리는 무엇일까?", "그 기술을 포함하여 여러 다른 기술을 융합할 수 있는 일자리는 무엇일까?" 이것이 바로 반응의 차이, 선택의 차이이다.

기업가정신은 자신의 분야를 살려 취업할 것인가, 창업할 것인가의 생산적 고민을 하게 만드는 것을 목표로 한다. 그런 면에서 가까운 미래 취업을 꿈꾼다면 자신의 분야에 대한 과정을 증명해야 한다. 혹은 창업을 꿈꾼다면 나름 과정과 경험, 설계가 반영된 사업계획이 있어야 한다. 한마디로 적성, 경험, 능력이 필요하다.

이를 세부적으로 나눠서 살펴보자.

- 진로 적성: 흥미 분야, 재능 분야, 가치 분야, 관심 분야
- 직업기초 능력: 의사소통 능력, 수리 능력, 문제해결 능력, 자기성찰 능력, 자원관리 능력, 대인관계 능력, 정보 능력, 기술 능력, 조직이해 능력, 직업윤리
- 직무 적성: 사업관리, 경영회계사무, 금융보험, 교육, 자연사회과학, 법률경찰, 보건의료, 사회복지종교, 문화예술, 운전운송…
- 직무수행 능력: 직무 관련 활동 경험, 본인의 역할, 수행업무, 성과

가장 중요한 것이 직무수행 능력이다. 한국고용직업분류의 대분류에서 소분류까지 들어가면 세부 직업 분야명이 나오는데, 각 분야마다 실제 현장에서 직무를 수행하는 데 필요한 전문 능력을 구현한 것이다.

예를 들어, 문화, 예술, 디자인, 방송 관련직의 하위분류에서 디자인 분야 안에 시각디자인, 제품디자인, 환경디자인, 디지털디자인이 나온다. 첫 번째 항목인 시각디자인의 경우에 필요한 직무 능력은 시각디자인 프로젝트 기획, 시각디자인 전략 수립, 비주얼 아이데이션, 시각디자인 개발, 프레젠테이션, 최종 디자인 개발, 디자

인 제작 관리, 디자인 자료화이다. 이는 국가직무능력표준 홈페이지에서 분야별로 확인 가능하다.

국가직무능력 체계에서 제시한 분야별 직무능력표준은 직업의 각 직무 분야별로 실제 현장에서 활용할 수 있는 능력이다. 직무능력표준이 선명할수록 이를 기준으로 인재를 평가, 선발, 혹은 입사 이후 교육을 훨씬 수월하게 수행할 수 있다. 그래서 기준이 중요하다. 그런데 여기서 꼭 새겨야 할 것이 있다. 대학생까지는 분명 학생의 신분이다. 그렇기에 해당 분야에서 실제 직업인으로 활동한 경험은 대부분 없다. 따라서 인재 선발 과정에서 증명할 내용은 실제 근무 경험이 아니라 초등, 중등, 고등, 대학의 다양한 성장과정에서 있었던 경험, 시도해보았던 도전, 팀 활동, 공모전, 기타 다양한 경험 속에서 관련성을 찾는다. 이 중에서도 해당 분야와의 관련성이 가장 중요하다. 관련 있는 분야의 조직이나 팀 활동이면 좋다. 그 속에서 자신의 역할은 무엇이었고, 결과는 어땠는지 설명한다. 여기서 결과라 하면 그 과정을 통해 배운 점, 혹 시행착오나 실패를 했다면 그것을 통해 깨달은 점이나 실패를 이겨낸 방법 등을 말한다. 과거 한국리더십센터의 입사 항목에는 독특한 조건이 하나 들어 있었다. 만약 이것이 없을 경우 결격 사유가 될 정도였다. "실패해본 경험이 있는 자."

이제 특정 분야에 진입했다고 가정해보자. 즉 취직에 성공한 것이다. 입사의 기쁨도 잠시, 지금부터 다시 시작이다. 진짜 싸움은 지금부터라 해도 과언이 아니다. 하지만 그래도 자신의 분야, 자신의 업을 삼을 만한 가능성을 찾지 않았는가. 꾸준히 노력하여 성장해보자. 문제는 그 분야에 진입할 때 기준이 선명했고, 그 분야의 세부 항목이 선명한 기준으로 제시되어 있는데, 막상 일을 하다 보니 정작 힘이 들거나, 성장하지 못하거나, 도태되거나, 지속하지 못하는 이유는 다른 곳에서 발생한다는 점이다. '업' 차원이 아니라 '직' 차원에서 꼭 필요한 성장의 동력, 즉 역량 말이다. 가장 기본적인 역량부터 조직공동체에 적응하고, 성과를 내고 점차 사람을 관리하는 역량을 지나 조직을 이끄는 역량까지 나름의 단계와 필요한 역량이 그때그때 다르다. 《베이스캠프》 책에서 구체화했던 직장 내 성장 역량을 살펴보자. 각 항목의 개념을 질문 형태로 만들어보았으니 간단히 10점 척도로 체크하고 그래프로 구현해보자. 상대적으로 높은 것과 부족한 것이 무엇인지 살펴보자.

제목	역량	세부 역량	정의(질문 형식)
조직을 이끄는 인재	사업 수행 역량	글로벌 마인드	글로벌 시야에서 기업의 역할을 찾고 개척하고 있는가
		전략적 사고 능력	외부와 내부의 특성을 파악하여 판단을 내리는가
		조직관리 역량	조직 전체를 이끌어 지속가능한 기업을 유지하는가
성과를 내는 인재	성과 관리 역량	기기 및 기술 활용	목표 달성을 위해 기기와 기술을 효율적으로 활용하는가
		정보수집 및 활용력	목적 달성을 위해 정보를 수집하고 활용할 수 있는가
		문제해결력	주어진 문제의 핵심, 본질, 원인을 알고 해결하는가
		논리적 분석력	주어진 정보를 분석하고 추론하여 명료화할 수 있는가
		판단과 의사결정력	문제상황을 파악하고, 최선의 판단을 내릴 수 있는가
		계획 및 조직 능력	일을 시작하기 전에 계획하고 자원을 모을 수 있는가
		목표 설정과 관리	일의 성과목표를 명확히 세워 추구하는가
함께 가는 인재	대인 관계 역량	프레젠테이션 스킬	제안을 가장 효과적으로 전달하여 행동을 이끌어내는가
		의사소통 능력	상호 의견을 정확하게 표현하고 경청하는가
		대인관계 능력	평소 원만한 관계로 필요 시 협조를 얻어내는가
		팀 협응력	공통의 목표를 위해 동료와 협력하는가
		리더십	공통의 목적을 위해 팀을 이끌어 갈 수 있는가
기업에 준비된 인재	공통 기본 역량	해당 직무지식	직무 분야에 대한 지식을 습득 활용 가능한가
		조직적응력	속한 조직의 구성원으로서 적극 헌신하는가
		직업관	직업을 통해 궁극적으로 얻고 싶은 것이 있는가
		가치관	모든 선택에 적용 가능한 핵심가치가 있는가
		인재상 이해 준비	기업이 추구하는 인재의 기준에 부합하는가
지속 가능한 인재	사회 기초 역량	꿈과 비전	꿈을 꾸고 꿈을 실천하는 삶을 살고 있는가
		변화대응력	변화에 적극적으로 대응할 수 있는가
		도전정신	현실에 안주하지 않고 새로운 영역을 개척하는가
		창의성	새로운 방식으로 새로운 결과를 꺼낼 수 있는가
		성실성	일관된 태도로 맡겨진 일에 책임을 지는가
		자기계발	주도적인 학습을 통해 스스로 성장하는가
		자기성찰	끊임없이 자신을 돌아보고 개선하는가

제목	역량	세부 역량	10점 척도 체크									
조직을 이끄는 인재	사업 수행 역량	글로벌 마인드										
		전략적 사고 능력										
		조직관리 역량										
성과를 내는 인재	성과 관리 역량	기기 및 기술 활용										
		정보수집 및 활용력										
		문제해결력										
		논리적 분석력										
		판단과 의사결정력										
		계획 및 조직 능력										
		목표 설정과 관리										
함께 가는 인재	대인 관계 역량	프레젠테이션 스킬										
		의사소통 능력										
		대인관계 능력										
		팀 협응력										
		리더십										
기업에 준비된 인재	공통 기본 역량	해당 직무지식										
		조직적응력										
		직업관										
		가치관										
		인재상 이해 준비										
지속 가능한 인재	사회 기초 역량	꿈과 비전										
		변화대응력										
		도전정신										
		창의성										
		성실성										
		자기계발										
		자기성찰										

직장 내 성장역량을 자세히 들여다보면 한 가지 분명한 점이 보인다. 자신만의 분야에 대한 전문성이 없는 사람은 업이 아니라 직과 장場을 찾아 이리저리 옮겨 다닌다는 것이다. 반면 자신만의 업에 대한 확신이 있는 사람은 장기적 관점과 긴 호흡으로 일을 대한다. 내용적인 면에서도 성과를 낼 수밖에 없다. 시대 변화에 대한 대응도 빠르다. 이것이 바로 업의 세계를 살아가는 전문가정신을 갖춘 사람의 특징이다. 업을 선택한 다음에는 전반적으로 넓게 아는 제너럴리스트에 머물러서는 안 된다. 분야 전문가로서 스페셜리스트가 되어야 한다.

인재상의 기본은
인성이다

미래의 변화를 준비하는 가장 큰 교육, 가
장 큰 그릇은 '기업가정신'이다. 필자는 이전에 진로 분야의 연구
저서를 출간하였다. 이것은 미래 직업관의 핵심인 '직職이 아니라
업業 중심의 변화'를 다루는 진로 연구의 결과였다. 또한 '인재상과
인성교육'이라는 제목의 연구 서적을 출간한 적도 있다. 그 속에 미
래 시대를 살아가기 위해 가장 필요한 것이 내면의 인성 역량임을
강조하였다. 인성 역량이 성장하여 결국 직업윤리, 기업윤리, 더 나
아가 기업의 사회적 공헌을 가능케 한다는 점을 강조하였다. 한 인

264

생의 성장기와 성인기를 살펴보며 느낀 점은 이 모든 것이 생애의 성장과 함께 연결되고 존재 안에 차곡차곡 쌓여서 인생이 만들어진다는 것을 깨달았다. 기업가정신의 근간을 이루는 것도 인성이다. 인성은 가장 기초적인 이야기로 시작하여 결국은 민주시민성을 지나 직장에서의 직업윤리, 기업을 이끄는 기업윤리, 그리고 최종적으로 사회를 품고 가는 기업의 사회적 공헌정신까지 연결된다. 인성은 개인적 인성과 상호관계적인 인성, 사회참여적인 인성이라는 3가지 트랙이 있다. 이 3가지가 서로 균형을 이루어 발전하면서 성숙해진다. 한 개인이 자기 자신과 타인 그리고 사회와 인성으로 연대하는 방식의 언어들을 때로 '성품' 혹은 '품성'이라는 말로 표현하기도 한다.

- 나를 사랑합니다: 긍정, 당당함, 도전, 리더십, 만족, 부끄러움, 부지런, 성실, 솔직함, 습관, 양심, 야유, 인내, 자율, 자존, 절약, 절제, 질서, 책임, 후회

- 너를 이해합니다: 걱정, 경청, 고운 말, 관용, 배려, 예의, 우애, 우정, 위로, 유머, 이해, 존경, 존중, 친절, 칭찬, 협동, 효도

- 함께라서 행복합니다: 감동, 감사, 공존, 공평, 나눔, 사랑, 생명, 소통, 열린 마음, 용서, 인정, 자연, 진심, 평화, 화해, 희망

출처-《아름다운 가치사전》

인성의 폭은 넓고 다양하다. 인성은 다양한 내면의 언어를 포함한다. 인성은 상황에 따라 다른 색깔을 가진다. 때로는 성격으로, 때로는 예의범절로, 때로는 가치관으로 때로는 도덕성으로 그리고 가끔은 시민성의 영역까지 아우른다. 사회 초년생 때 사무실에서 개인적인 일로 복사를 몰래 하거나, 회사의 비품을 가져가는 것에서 드러나기도 하며, 작은 기업의 경영자가 되었을 때 세금을 정직하게 내는 것을 결정짓기도 한다. 그리고 세월이 훌쩍 지나 자신의 기업이 낸 수익을 사회적 공헌의 일환으로 기부금을 내거나, 어려운 이웃을 보듬는 사회적 책임을 할 것인가 말 것인가를 결정짓기도 한다. 그야말로 인성은 어릴 적 부모에게 들은 말과 부모를 보면서 배운 작은 씨앗이 한 인간의 전 생애에 걸쳐 수많은 선택에 영향을 미친다. 그래서 이 시대의 수많은 인재 선발 구조는 예외 없이 인성을 파악하여 인재를 선발한다. 입시 과정에서 청소년의 인성을 평가하고자 할 때는 배려, 나눔, 협력, 타인 존중, 갈등 관리, 관계 지향성, 규칙 준수 등의 항목을 평가한다. 기업 현장에서 경력직을 채용할 때는 45퍼센트의 기업들이 채용 과정에서 평판조회를 진행한다. 인사담당자들은 평판조회가 면접 다음으로 중요한 채용도구라고 답한다. 이 모든 것이 바로 인성의 힘, 인성의 영향력이다.

인성이 개인의 태도로 자리 잡을 때 우리는 주로 성품이라는 단어를 많이 사용한다. 그런데 이 성품은 그 정도에 따라 다양한 상황에서 중요한 선택을 좌우한다. 개인 성품에는 다양한 종류가 존재한다. 그중에서 유독 선택의 상황에 자신도 모르게 등장하여 힘을 행사하는 것을 '가치'라고 표현하곤 한다. 다른 말로 하면 값어치이다. 더 값지게 여기는 것이다. JTBC탐사플러스가 서울 시내 초중고 등학생 830명을 대상으로 장래희망에 대한 조사를 진행하였다. 가장 눈에 띄는 조사결과는 고등학생이다. 고등학생이 가장 선망하는 직업 1위는 예상하는 대로 공무원이다. 그런데 2위가 상상초월이다. 건물주와 임대업자가 차지하였다. 웃을 수도 없는 현실이다. 여기서 건물주를 '가치'라고 말하는 게 아니다. 소득 또는 안정성을 가치로 여기는 것이다. 이것이 바로 가치이다. 그럼 한번 아래의 가치로 사용되는 일반 목록을 보고, 자신이 가장 가치 있게 여기는 가치 우선순위 3개를 체크해보자.

☐ 사랑: 인종이나 국경을 넘어 인간을 아끼고 위하며 사랑을 베푸는 일

☐ 용기: 힘 앞에 굴하지 않는 굳센 기운

☐ 비전: 이상을 추구하기 위한 자기 통제

☐ 우정: 인정과 우애가 있는 대인 관계

☐ 정의: 차별과 편견, 불의가 없는 세상을 만드는 일

☐ 가족: 가족 간의 사랑과 신뢰를 지키는 일

☐ 리더십: 내가 속해 있는 집단을 올바른 방향으로 이끄는 힘

☐ 건강: 질병 없이 활기차게 오래 사는 것

☐ 지식: 인간과 사물에 대한 진지한 탐구와 온전한 이해

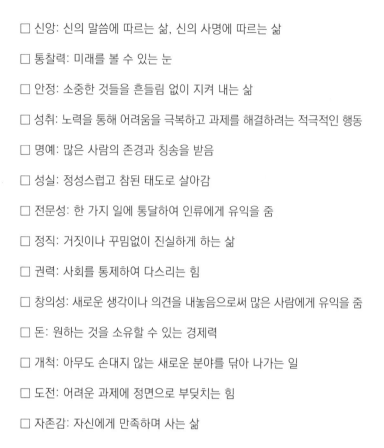

□ 신앙: 신의 말씀에 따르는 삶, 신의 사명에 따르는 삶

□ 통찰력: 미래를 볼 수 있는 눈

□ 안정: 소중한 것들을 흔들림 없이 지켜 내는 삶

□ 성취: 노력을 통해 어려움을 극복하고 과제를 해결하려는 적극적인 행동

□ 명예: 많은 사람의 존경과 칭송을 받음

□ 성실: 정성스럽고 참된 태도로 살아감

□ 전문성: 한 가지 일에 통달하여 인류에게 유익을 줌

□ 정직: 거짓이나 꾸밈없이 진실하게 하는 삶

□ 권력: 사회를 통제하여 다스리는 힘

□ 창의성: 새로운 생각이나 의견을 내놓음으로써 많은 사람에게 유익을 줌

□ 돈: 원하는 것을 소유할 수 있는 경제력

□ 개척: 아무도 손대지 않는 새로운 분야를 닦아 나가는 일

□ 도전: 어려운 과제에 정면으로 부딪치는 힘

□ 자존감: 자신에게 만족하며 사는 삶

직업을 구하는 목적이 돈과 성공이었던 사람은 연봉에 만족하지 않거나, 경쟁에 밀렸다고 생각되면 회사를 옮길 것이다. 직업을 구하는 목적이 자아실현, 자기발전인 사람은 아무리 높은 연봉이 주어지더라도 기계의 부속품처럼 일하고 있는 자신을 발견하게 되면 심각한 고민을 하게 될 것이다. 어떻게 생각하느냐가 어떻게 사느냐를 결정한다.

직업윤리에서 기업윤리로 발전

직업기초 능력의 10번째 항목은 직업윤리이다. 직업윤리는 근로윤리와 공동체윤리로 구성된다. 근로윤리는 근면성, 정직성, 성실성이다. 공동체윤리는 봉사정신, 책임의식, 준법성, 그리고 직장예절이다. 한 개인의 인성이 직장에서는 직업윤리라는 모습으로 행동에 영향을 미친다. 직업윤리의 기준은 사람을 평가하고, 선발하고 또는 교육할 때 유용하다. 물론 모든 개인이 이 기준을 숙지하고 있다면 스스로 노력하여 갖출 수도 있겠다. 중요한 것은 인성이란 갑자기 형성되는 것이 아니라 성장기를 거쳐 시간의 축적으로 이루어진다는 점이다. 하지만 "이제 늦었어."라고 지레 실망할 필요는 없다. 노력하면 흉내라도 낼 수 있다. 자꾸 흉내 내다보면 내 것이 될 수도 있다.

- 근면성: 직장생활에서 부지런하고 꾸준한 자세를 유지하고 있는가?
- 정직성: 직장생활에서 속이거나 숨김이 없이 참되고 바르게 행동하는가?
- 성실성: 맡은 업무에서 자신의 정성을 다하여 처리하는가?
- 봉사정신: 자신의 이해를 먼저 생각하기보다는 국가, 기업 또는 남을 위하여 애써 일하는 자세를 가졌는가?

- 책임의식: 맡은 업무는 어떠한 일이 있어도 해내는 자세를 가졌는가?
- 준법성: 직장에서 정해진 규칙이나 규범 등을 지키고 따르는가?
- 직장예절: 직장생활과 대인관계에서 절차에 맞는 공손하고 삼가는 말씨와 몸가짐을 가졌는가?

자신의 직업윤리를 하위요소 항목을 중심으로 주관적인 평가를 내려보고, 상대적으로 낮은 항목을 확인해보자.

10							
9							
8							
7							
6							
5							
4							
3							
2							
1							
	근면성	정직성	성실성	봉사정신	책임의식	준법성	직장예절
	근로 윤리			공동체 윤리			

이러한 직업윤리는 직장에 속한 모든 공동체의 기본자세이다. 이러한 개개인의 구성원이 모여 기업조직을 만드는데, 이때 기업 역시 윤리적 기준을 가지고 있다. 물론 기업윤리는 윤리강령의 이름

으로 각 기업마다 각기 약간씩 다른 모습으로 구현된다. 기업윤리라는 총론에 근거하여 윤리경영을 실천해 나가는 것이다. 기업윤리의 기본 구성을 살피기 위해 한국경제인연합회의 기업윤리헌장 항목을 토대로 키워드를 도출해보았다. 다음 항목을 보고, 특정 기업 하나를 선택하여 주관적으로 기업윤리를 체크해보자.

10										
9										
8										
7										
6										
5										
4										
3										
2										
1										
	사회적 책무	정당한 이유	투명 경영	정치적 중립	경영인 육성	공정한 경쟁	동반 성장	구성원 이익	환경 친화	글로벌 기준

일의 의미를
찾아라

교세라를 창업해 세계적 기업으로 키운 장본인이자 일본에서 경영의 신으로 불리는 이나모리 가즈오는 《왜 일하는가》에 그의 일에 대한 철학을 담았다. 그는 왜 일하는지, 무엇을 위해 일하는지 고민도 하지 않고 목표도 없이 사는 이들이 늘고 있다며 안타까움을 먼저 토로한다. 그의 젊은 날은 고난과 좌절의 연속이었다. 어릴 적 결핵을 앓았고, 중학교 입학시험에 떨어졌으며, 지방대 출신이었다. 극심한 불황에 취업도 힘들었다. 온갖 시련과 역경을 겪었지만 일에 전념하면서 불행을 떨쳐낼 수 있었다고 고백한다. 우리는 시련과 불행 앞에서 자신이나 주변 상황을 탓하면서 시간을 보내버리기 쉬운데 그럴수록 지금 하고 있는 일에 더 몰두하라고 말한다. 자신의 성공 비결은 바로 생각을 바꿨기 때문이라고 강조한다. '지금 내가 일하는 것은 먹고살기 위해서가 아니라 인격을 수양하기 위해서'라고 생각한 것이다. '어떻게 해도 방법이 없다면, 지금 하는 일에 정성을 들이고 그 일을 누구보다 사랑하자'고 마음먹은 것이다. 일은 인생에서 커다란 비중을 차지한다. 이나모리 가즈오는 일에서 인격 수양이라는 가치를 추구하며 일에 정성을 다했기에 성공과 명예는 자연히 따라왔다. 여러분은 왜 일자리를 찾고, 일을 통해 무엇을 얻고 싶은가.

왜 일하는가

'왜 일하는가'라는 질문을 던지기에 앞서 여러분은 무엇을 위해 사는지 삶의 의미부터 찾아보자. 어떤 가치를 추구하며 살아가는지, 삶의 의미를 이해하는 것은 중요하다. 가치는 개인의 작은 선택부터 결정적 선택의 순간까지 세상을 살아가는 동안 내면에서 올라오는 것이다. 그런데 이 가치가 가끔 타인과의 상호관계 혹은 공식적인 결정의 순간에 매우 긴장되는 질문으로 날아들곤 한다. 미리미리 챙기지 않으면 뒤늦게 이런 거대한 질문 앞에 서게 된다. 한번 답해보자.

- 왜 사세요? 인생의 목적이 뭐예요?

- 어떤 꿈과 비전이 있어요? 직업적, 사회적으로 이루고 싶은 것은 뭐예요?

- 언제 제일 행복해요? 나름대로 행복을 정의한다면?

- 성공했나요. 성공하고 싶나요. 자신이 생각하는 성공의 의미는 무엇인가요?

- 솔직히 지금 직업이 마음에 드세요?

- 왜 돈을 벌어요? 돈을 벌어서 무엇을 하고 싶어요?

- 자녀에게 무엇을 남겨주고 싶으세요?

- 세상이 당신을 어떤 사람으로 기억하기를 원하세요?

한 사람의 성인이 자신의 인생을 바라보는 관점, 즉 가치관의 세부 내용을 인터뷰 질문으로 정리해보며 대략 15개 정도의 질문이 만들어진다. 아래의 질문에 간단히 답해보자. 순서가 거꾸로 되어 있는 이유는 아래 부분이 더 근본적인 부분이기 때문에, 아래에서부터 답변을 하면서 올라오는 게 정석이다.

15. 내가 죽는다면, 묘비명에 쓰고 싶은, 나의 평생을 담은 한 줄은 뭐라고 쓸 것인가?(묘비명)

14. 나는 나의 자녀를 어떤 사람으로 키우고 싶은가?(양육관, 자녀 인재상)

13. 나에게 결혼이란 무엇인가? 배우자 선택의 우선순위는 무엇인가?(결혼관, 배우자상)

12. 나에게 성공이란 무엇인가?(성공관)

11. 나는 돈에 대해 어떤 마인드를 가지고 있는가?(재정관)

10. 나는 무엇을 할 때 가장 행복한가?(행복관)

9. 나는 사람과의 관계 속에서 어떤 모습이 편안한가?(성향)

8. 나는 사람들 속에서, 또는 조직 안에서 어떤 위치와 역할에 있을 때 가장 행복한가?(기질, 역할)

7. 나는 나의 재능을 알고 있는가. 또는 나의 강점은 무엇인가?(강점)

6. 나는 수많은 판단 속에서 가장 우선순위에 두고 있는 소중한 것은 무엇인가?(가치우선순위)

5. 나는 직업을 통해 이루고 싶은 비전과 사명의 마감기한과 목표수치가 있는가?(목표)

4. 나는 어떤 직업으로 무엇을 추구하며 살 것인가?(직업관)

3. 나의 꿈을 통해, 타인과 세상에 어떤 기여를 하고 싶은가?(사명)

2. 내가 꿈꾸는 미래의 나와 세상은 어떤 모습인가?(비전)

1. 내가 이 세상에 존재하는 이유는 무엇인가?(소명)

인생에서 가장 긴장되는 순간을 꼽으라면 꿈꾸던 회사에 입사하기 위해 면접 보는 순간일 것이다. 한번 상상해보자. 면접을 보는데

한 면접관이 질문을 던진다. "직장생활을 통해 얻고 싶은 것이 무엇인가요?" 지원자들의 머릿속에 과연 어떤 생각이 떠올랐을까.

- 지원자 1번의 생각: '뭐라고? 직장생활을 통해 얻고 싶은 것이 무엇이냐고? 질문을 잘못한 거 아닌가? 나는 여기 직업을 얻기 위해서 왔거든. 직업을 통해 무엇을 얻고 싶은 게 아니라, 그냥 직업을 얻기 위해 온 건데…'

- 지원자 2번의 생각: '간단하지. 나는 먹고살기 위해 직업을 구하는 것이다. 학자금 대출 빚도 갚아야 한다. 생활비도 필요하다. 장가도 가야 한다. 그래서 직장을 구하는 것이다.'

- 지원자 3번의 생각: '나는 확실한 목표가 있어서 직업을 구하는 것이다. 그 목표는 돈을 버는 것이다. 그리고 돈을 정말 많이 벌고 싶다. 돈을 많이 버는 것이 내 목표이다.'

- 지원자 4번의 생각: '나는 성공하고 싶다. 직업을 통해 성공한 여성이 되고 싶다. 성공한 삶을 살기 위해서는 직업에서의 성공이 가장 중요하다.'

- 지원자 5번의 생각: '내가 직업을 구하는 이유는 돈을 벌기 위함도, 성공하기 위함도 아니다. 나는 성장하고 발전하고 싶다. 나 스스로가 꿈을 꾸고 그 꿈을 이루어가는 모든 과정이 의미가 있다. 직장을 통해 내가 성장하고 있다는 것을 확인하고 싶다. 그래서 나는 다 갖추어진 직장보다는 환경이 다소 열악하

더라도 내가 도전할 수 있는 곳에서 일하고 싶다.'

- 지원자 6번의 생각: '나에게는 직업 그 자체가 내가 살아있는 이유이다. 직업을 통해 나의 존재 목적을 달성하는 것이라고 생각한다. 그래서 어떤 어려움이 있어도 일하는 삶을 받아들이고 최선을 다해 노력할 것이다.'

이처럼 지원자들의 솔직한 생각과 속마음은 위와 같겠지만 아마도 입 밖으로 나온 답변은 비슷했을 것이다. '회사를 통해 성장하고 싶습니다. 직업을 통해 세상에 기여하고 싶습니다.' 그러나 우리는 알고 있다. 눈앞의 다수를 일순간 속일 수는 있어도 옆에 있는 소수를 오랜 시간 지속적으로 속이기는 어렵다는 것을. 결국 언젠가는 마음속 생각이 그 삶으로 드러나게 될 것이다.

빈곤을 해결하기 위한 무하마드 유누스의 선택

기업도 사회를 구성하는 하나의 구성원으로서 책임이 있다. 기업의 존재 이유인 이윤 추구 활동 이외에 생산 및 영업활동을 하면서 환경경영, 윤리경영, 사회공헌과 노동자를 비롯한 지역사회 등 사회 전체의 이익을 동시에 추구하며, 그에 따라 의사 결정 및 활동을 해야 하는데, 이를 기업의 사회적 책임Corporate Social Responsibility, CSR 이라고 부른다. 1960년대 미국에서 대두된 개념으로 사회적 책임

을 통해 기업 이미지를 제고하여 매출 증대에 좋은 영향을 미치게
한다.

기업의 사회적 책임에서 '책임'이라는 영역을 크게 4가지로 구분
하는 이론이 가장 일반적으로 받아들여지고 있다. 경제적 책임, 법
적 책임, 윤리적 책임, 마지막으로 자선적 책임이다. 경제적 책임
은 그야말로 경제적인 선순환이 일어나게 하는 것이다. 기업 본연
의 활동을 열심히 하는 것이다. 경제 활동의 과정이 법적으로 투명
해야 하는 것이 법적 책임인데, 법의 영역을 넘어서는 상식적 도덕
적 규범까지 지키려 하는 노력은 윤리적 책임이다. 세 가지 책임과
는 달리, 보다 적극적으로 사회의 공익을 위해 나서는 것은 자선적
책임에 속한다.

기업가정신에서도 중요한 요소 중 하나가 이른바 사회적 기업가
정신이다. 외국에서는 기업가정신학과와 더불어 사회적 기업가정
신 전공이 전 세계 MBA에서 매우 핫한 이슈이다. 《스토리가 스펙
을 이긴다》의 저자 김정태는 헐트국제경영대학원 사회적 기업가정
신을 전공했다. 그에 따르면 기업가정신과 사회문제가 만날 때, 그
지점에서 사회적 기업가정신이 발생한다. 그는 사회적 기업가정신
Social Entrepreneurship이란, 다양한 국내외 이슈를 비즈니스 원리를 이
용해 지속가능한 방법으로 해결해가는 태도와 과정이라고 설명하
였다.

사회적 기업가정신의 대표적인 예가 바로 무하마드 유누스가 빈

278

곤퇴치의 일환으로 1983년 법인으로 설립한 방글라데시의 그라민 은행이다. 빈민들에게 담보 없이 소액 대출을 제공하여 빈곤퇴치에 이바지한 공으로 무하마드 유누스는 노벨 평화상을 받았다. 그라민 은행이 기업가정신으로서 사회적 기업가정신을 구현한 과정을 살펴보면 다음과 같다.

1단계: 사회적 문제 발견

방글라데시 시골 지역의 대부분 인구가 빈곤에서 벗어나지 못한 채 살아가는 상태를 발견하였다. 개선될 기미가 보이지 않는 생활환경에서 방글라데시 주민들은 빈곤이라는 상황에 적응하여 살아가고 있었다.

2단계: 문제 관찰 및 핵심 분석

그들이 빈곤에서 벗어나지 못하는 것은 결코 게으르거나 무능해서가 아니라 개인의 잠재력을 펼칠 수 있는 토양이 척박하기 때문이라는 점에 주목하였다. 소규모 비즈니스를 시작하기 위해서든, 농업의 생산성을 높이기 위해 새로운 기구를 구입하기 위해서든 이들의 빈곤을 해결하는 것이 급선무였다. 무엇을 하든 소규모라도 자본이 필요한데 빈곤층은 신용이 없다는 이유로 전통적인 금융기관에서는 대출 서비스를 받을 수 있는 길이 막혀 있었다.

3단계: 문제 분석 과정에서 기회 포착

방글라데시 시골 지역 주민들이 자본에 접근할 수 있다면 그들이 빈곤으로부터 벗어나고 더 나은 삶을 영위할 수 있을 것이다.

4단계: 지속가능한 방식의 문제해결

기존의 해결 방법에는 정부나 비영리단체의 원조를 받거나, 빈곤층에게 교육 프로그램을 제공하는 것 등이 있지만 완전히 새로운 차원의 해결 방법을 시도한다. 바로 빈곤층에게 무담보로 대출을 해주는 것이다.

그라민은행은 아무리 노력해도 가난에서 벗어날 수 없는 극빈층에게 적게는 10달러에서 많게는 몇백 달러에 이르는 돈을 신용만으로 빌려준다. 물론 시중은행보다는 낮지만 20퍼센트의 이자도 받는다. 잘 갚지 않을 거라는 우려와는 달리 대출받은 이의 98퍼센트 이상이 원금과 이자를 갚았다. 대출받은 600만 명의 빈민들 중 60퍼센트가 빈곤에서 벗어났다고 한다. 이렇게 자리를 잡기까지 9년의 시간이 걸렸지만 의미 있는 결과를 만들었다.

중요한 것은 다양한 사회 이슈, 글로벌 이슈에서 불균형과 불편함 등을 찾아내는 '눈' 바로 시선이다. 경제학 교수였던 무하마드 유누스도 1974년 방글라데시에 극심한 기근이 몰아쳤고, 길거리에 굶주린 사람들이 죽어가는 현실을 외면하지 않았기에 그라민은행을 생각해낼 수 있었다. 아래의 빈칸에 자신의 눈으로 바라보는 사회적 기업가정신의 연습 차원에서 국내, 국외의 불균형 이슈 3가지를 기록해보자.

1. _____
2. _____
3. _____

　사회적 불균형을 찾아내고 해소하는 차원에서 사람들은 자신의 역할을 선택한다. 어떤 이는 캠페인, 사회운동을 한다. 어떤 이는 정치적인 제도를 만든다. 어떤 이는 이를 세상에 알리는 언론의 역할을 한다. 어떤 이는 투쟁을 선택한다. 어떤 이는 서비스를 제공한다. 하지만 사회적 기업가정신은 이를 기업가정신으로 비즈니스 필드 위에서 풀어낸다. 각자가 가진 경험과 지식을 바탕으로 좀 더 가치 있는 일을 찾아 나선다면 세상은 지금보다 훨씬 살기 좋은 곳이 되지 않을까.

　어떤 삶을 꿈꾸는가? 개인의 경제적 풍요를 넘어, 타인의 삶을 보듬는 꿈을 품어보자. 의미 있는 삶은 만들어가는 것이다. 그러기에 연습이 필요하다. 용기가 필요하다. 작은 실천부터 쌓아올려야 한다. 일반적인 사회적 책임과 사회적 공헌의 하위분류를 제시해본다. 목록을 보고, 자신이 현재 작은 실천을 하고 있거나 혹은 관심

이 있는 항목 또는 앞으로 시도하고 싶은 항목에 동그라미 표시를
해보자.

구분	유형	세부항목
공익사업 활동	문화예술지원	전통문화재 보존 문화예술지원, 문화시설 건립 및 운영, 문화예술단체 행사 지원, 문화도서 발간 및 보급
	체육진흥	사회체육시설 건립 및 운영, 체육단체 행사지원
	교육·학술 지원	학교설립 및 후원, 장학금 지원, 교육시설 기증 및 지원, 산학활동, 대외연구비 지원, 대외 연구단체 지원, 산학협동
	지역사회개발	지역홍보, 지역행사지원, 지역공공시설 건립 및 지원
	환경보호	동·식물보호, 소음방지, 자원재활용, 수질보호, 공해방지, 대기오염의 방지, 에너지 고갈에 대한 대책, 폐기물 처리
기부협찬 활동	기부금 성금	현금기부, 제품기부, 설비 기기 기부
	프로그램 지원	컴퓨터 교육 프로그램, 아동 및 청소년 프로그램
	운영비 지원	프로그램 운영비 지원, 인건비 지원, 공공요금 지원
	자선구호	불우이웃 돕기, 현찰, 장기기증, 재해구호, 난민구호
자원봉사 활동	사회봉사	소년소녀가장 돕기, 사회복지시설, 의료활동, 재가방문(독거노인, 장애인)
	전문서비스	의료·보건·재활 서비스 제공, 직업 관련 기술제공
	위원.자문	지역사회단체 자문위원, 지역발전 모임위원

돈이 목적이 아니라면 무엇을 하고 싶은가

영국의 유명한 철학자 앨런 와츠^{Alan Watts}의 유튜브 동영상 〈돈이
목적이 아니라면?^{What if money were no object?}〉을 보면 돈이 목적이 아
니라면 무엇을 하고 싶은지 질문한다. 무엇을 하고 싶은지, 자신의
꿈이 무엇인지, 무엇을 원하는지 몰라 방황하는 젊은이들에게 길을

제시하여 반향을 일으킨 동영상이다.

"대학을 졸업하는데 아직 무엇을 하고 싶은지 모르겠습니다." 하고 종종 질문해 오는 학생들에게 그는 대답한다. "만약 돈이 목적이 아니라면 당신은 무엇을 하고 싶은가요? 어떻게 하면 인생을 정말로 즐길 수 있을까요? 누군가는 '말을 타고 싶어요. 시인이 되고 싶어요. 그림을 그리고 싶어요.'라고 말합니다. 그런 식으로 돈을 벌기 힘들다는 것을 압니다. 하지만 생계를 위해서 하기 싫은 일을 하면서 평생을 사는 것보다는 원하는 것들로 가득 찬 진짜 삶을 사는 것이 낫지 않을까요? 당신이 하는 것을 진정으로 좋아한다면 전문가가 될 것이고 결국 좋은 결과를 성취할 수 있습니다."

돈이 목적이 아니라면 여러분은 무엇을 하고 싶은가?

자네는 꿈이 뭔가? 노인이 물었다.

네? 꿈이요? 솔직히 말씀드리면 금융권, 대기업에 입사하는 건데요.

그 말을 듣고 노인은 잠시 차 한 잔을 들이켠 뒤 말한다.

아니, 그런 거 말고 '꿈' 말이야.

어떤 직업을 갖는 거, 그게 꿈일 수는 없지 않은가.

젊은이는 머리를 긁적이며 멋쩍은 미소와 함께 말했다.

아니, 전 그게 꿈인데요.

바로 그때, 노인이 결정적인 질문을 던진다.

그럼, 회사에 들어가면 자네의 꿈은 이루어지는 건가?

…….

젊은이는 답변을 못 했다. 잠시 침묵이 흐른 뒤 젊은이가 말했다.

그때 가면 다른 꿈이 또 생기겠죠.

그것 참 편하군. 내가 보기에 자네가 말한 그 꿈은 계획에 지나지 않네.

그리고 그 계획도 자네 스스로 짠 게 아니지.

노인은 말을 이어간다.

어렸을 때 어른들이 그런 질문을 하지.

'넌 이다음에 커서 뭐가 되고 싶냐고.'

그때 자네가 했던 대답이 대기업 직원은 분명 아니었을 거란 말이야.

노인의 말에 젊은이는 웃으며 답했다.

하하하. 그건 그렇죠. 9급 공무원도 분명 아니고요.

그런데….

잠시 젊은이가 머뭇거린다. 뭔가를 말하기가 거북한 듯 망설이다 입을 열었다.

그런데… 꿈이… 밥 먹여 주지는 않잖아요.

젊은이의 말을 듣고, 노인이 마지막으로 이야기했다.

죽기 직전에… 못 먹은 밥이 생각나겠는가, 못 이룬 꿈이 생각나
겠는가?

젊은이는 아무런 답변을 하지 못했다.

꿈꾸는 자가
오고 있다

성서에 등장하는 인물 중 노예로 살다가
탁월한 시대정신으로 이집트의 총리가 된 인물이 있다. 요셉이라는
인물이다. 문헌을 살펴보면, 청년시절 요셉이 어딘가에 나타나면
주위 사람들이 멀리서 그를 보며 서로 이렇게 이야기하곤 했다고
기록되어 있다.

"꿈꾸는 자가 오고 있다."

요셉은 자신의 인생에 다가오는 폭풍 같은 변화를 수동적으로 받

아들이며 원망하지 않았다. 그는 변화를 수용하고, 변화를 관찰하여 그 속에 숨겨진 유의미한 기회를 찾았다. 기회는 곧 가능성의 다른 이름이다. 그리고 그는 생각하고 준비하며 행동하였다. 결과적으로 그는 자신이 거쳐 가는 곳마다 창조적 변화를 만들어냈다. 바로 이것이 기업가정신이다.

이제 기업가정신을 품은 꿈쟁이들이 더 많이 일어나 뚜벅뚜벅 자신만의 길을 걸어가기를 소망한다.